제2판

라드브루흐 공식과 법치국가

Radbruchsche Formel und Rechtsstaat

프랑크 잘리거 지음
윤 재 왕 옮김

세창출판사

Frank Saliger, Radbruchsche Formel und Rechtsstaat, Heidelberger Forum vol. 92(1995)
C. F. Müller Verlagsgruppe Hüthig Jehle Rehm GmbH

이 도서의 국립중앙도서관 출판시도서목록(CIP)은 e-CIP 홈페이지(http://www.nl.go.kr/ecip)에서 이용하실 수 있습니다.(CIP제어번호: CIP2011001322)

한국어판 제2판 서문

라드브루흐 공식은 지금까지 제기된 법철학적 테제들 가운데 가장 영향력이 강한 테제이다. 독일 사법부는 나치독재와 구 동독의 국가불법을 처리하면서 라드브루흐 공식을 끌어들였을 뿐만 아니라, 법의 개념과 효력을 둘러싼 자연법론자들과 법실증주의자들 사이의 영원한 논쟁에서도 결정적인 의미를 갖고 있다. 이 점은 특히 최근 들어 자연법과 법실증주의 사이의 제3의 길을 걷고자 하는 법철학자들의 수가 점차 많아지고 있는 상황에서도 여전히 그렇다. 이 점에서 라드브루흐 공식은 시대를 뛰어넘는 현재성을 갖고 있다고 말할 수 있다.

나의 친구이자 동료 그리고 함께 법철학의 길을 걷고 있는 재왕에게 이 책의 신판이 출간될 수 있도록 애써준 데 대해 고마움을 전한다. 제2판이 라드브루흐의 명성을 한국에서 더욱 높이는 계기가 되기를 희망한다.

2011년 3월 함부르크에서

프랑크 잘리거

▮ Vorwort ▮

zur 2. Auflage der koreanischen Ausgabe von „Radbruchsche Formel und Rechtsstaat“

Die Radbruchsche Formel gehört zu den einflussreichsten rechtsphilosophischen Thesen, die je formuliert worden sind. Nicht nur haben deutsche Gerichte bei der Aufarbeitung des Staatsunrechts sowohl der nationalsozialistischen Diktatur als auch der DDR auf die Radbruchsche Formel zurückgegriffen. Bis heute prägt die Radbruchsche Formel die ewige Debatte zwischen Naturrechtlern und Rechtspositivisten um Begriff und Geltung des Rechts. Das gilt vor allem für jene Rechtsphilosophen, die in neuerer Zeit in zunehmendem Maße nach einem dritten Weg zwischen Naturrecht und Rechtspositivismus suchen. Auch insoweit ist die Radbruchsche Formel von zeitloser Aktualität.

Ich danke meinem verehrten Freund, Kollegen und Mitstreiter Zai-Wang Yoon herzlich, dass er die Mühen einer Neuauflage auf sich genommen hat. Möge auch diese 2. Auflage das hohe Ansehen Radbruchs in Südkorea bekräftigen.

Hamburg, im März 2011

Frank Saliger

차 례

제1장 서 론

이른바 라드브루흐 공식(Radbruchsche Formel)이 1949년에 사망한 구스타프 라드브루흐의 저작 가운데 가장 강력한 영향을 미친 이론이라는 점에 대해서는 의심의 여지가 없다. 그가 세상을 뜨기 3년 전에 발표한 「법률적 불법과 초법률적 법」(Gesetzliches Unrecht und übergesetzliches Recht)이라는 논문에서 제기한 테제는 다음과 같았다. 즉 실정법의 정의에 대한 위반이 참을 수 없는 정도에 이르렀을 때, 이 부정의한 내용의 법률은 정의에게 그 자리를 양보해야 한다는 것이다.[1] 잘 알려진 대로 이 테제는 1950년대와 1960년대 독일연방공화국의 자연법적 판결을 지배[2]했을 뿐만 아니라, 오늘날까지도 자연법 논의에 영향을 미치고 있다.[3] 이 공식이 여전히 현실적 의미를 가질 수 있다는 사실은 독

1) SJZ 1946, S. 107 l. Sp.

2) 이 점을 입증하고 있는 Schumacher, Rezeption und Kritik der Radbruchschen Formel, Diss. Göttingen 1985, S. 69 ff.; Weinkauff, Der Naturrechtsgedanke in der Rechtsprechung des Bundesgerichtshofes, NJW 1960, S.1689 ff.; Evers, Zum unkritischen Naturrechtsbewußtsein in der Rechtsprechung der Gegenwart, JZ 1961, S. 241 ff. 참고.

3) 라드브루흐 공식이 이른바 '자연법 르네상스'(이 개념에 대해 비판적으로 검토하고 있는 U. Neumann, Rechtsphilosophie in Deutschland seit 1945, in: Simon(Hrsg.), Rechtswissenschaft in der Bonner Republik, 1994, S. 154 참고)에 미친 영향에 관해서는 Schumacher(주 2), 31면 이하 참고. 또한 이 공식이 최근의 자연법논의에 미친 영향과 관련해서는 Alexy, Begriff und Geltung des Rechts, 1992 참고. 여기서 *알렉시*

일민주주의공화국(구 동독)의 '국경수비대'(Mauerschützen) 소송과 관련하여 연방재판소(BGH)가 내린 원칙적인 판결에서도 잘 나타나 있다. 연방재판소는, 정의에 대한 위반이 참을 수 없는 정도에 이르른 실정법에 관한 라드브루흐의 테제를 그대로 원용하면서, 공화국을 탈출하려는 자에 대한 총기사용을 정당화하고 있는 동독 국경법(1982년 제정) 제27조 제2항 제1문("총격은 정황에 비추어 국경탈출이 발생하기 직전에 이를 저지할 목적에서 사용될 때에만 정당화된다". 이 밖에도 제27조는 총기사용의 최후수단성, 공화국 탈출위험의 현재성, 경고사격의 필요성, 유아·청소년 및 부녀자에 대해서는 가능한 한 총기사용을 피할 것 등을 규정하고 있다. 그러나 이 규정이 현실적으로 준수된 경우는 거의 없었다. ―옮긴이)은 동독 형법 제213조 제3항(공화국탈출죄)과 더불어 「시민적 권리와 정치적 권리에 관한 국제협약」(1966년)이 보장하고 있는 인권을 침해했다는 근거로 그 법적 효력 자체를 부인하고, 결과적으로 국경수비대의 가벌성을 인정한 베를린주 고등법원의 원심판결을 확정했다.[4)]

라드브루흐 공식을 수용한 2차대전 직후의 논의나 최근의 논의는 모두 이 공식이 성립하게 된 직접적인 역사적 맥락, 즉 나치 불법국가의 경험을 뛰어넘지 못하는 시각에서 출발한다는 공통점을 갖고 있다. 이 점은 판례의 경우든 학설의 경우든 마찬가

는 관찰자 관점과 참여자 관점을 구별하고, 관찰자의 관점에서는 라드브루흐 공식의 의미를 부정하지만(52면 이하), 참여자의 관점에서는 인정하고 있다(71면 이하). 이 밖에도 Ott, Der Rechtspositivismus, 2. Aufl. 1992, S. 187 ff.; R. Dreier, Der Begriff des Rechts, NJW 1986, S. 890 ff. (891) 참고. 1945년 이후의 '자연법 르네상스'에 관한 전반적인 서술로는 Schelauske, Naturrechtsdiskussion in Deutschland, 1968; Kühl, Rückblick auf die Renaissance des Naturrechts nach dem 2.Weltkrieg, in: Köbler/Heinze/Schapp(Hrsg.), Geschichtliche Rechtswissenschaft, 1990, S. 331 ff.; U.Neumann, 앞의 논문, 145면 이하 참고.

4) BGHSt 39, 1 (16 ff.) = NJW 1993, 141 (144 ff.); BGHSt 39, 168 (181 ff.) = NJW 1993, 1932 (1934 f.).

지이다. 물론 판례와 학설은 서로 다른 관점에서 이 공식을 다룬다. 즉 판례가 전체주의 국가에 의해 제정된 법률적 불법을 실제적으로 처리하기 위해 라드브루흐 공식을 원용하는 데 반해, 학설은 주로 불법국가에서의 법효력에 관한 이론으로서 이 공식을 논의한다.[5] 그러나 라드브루흐 공식이 관련을 맺는 제2의 맥락은 전혀 고려의 대상이 되지 않고 있다. 이 공식은 (나치) 불법국가와 관련되어 있을 뿐만 아니라 라드브루흐 정의이론의 핵심문제, 즉 정의와 법적 안정성, 고전적 자연법과 법실증주의 사이의 모순을 해결하려는 최종적 결론이기도 하다. 따라서 공식을 법이념과 관련시켜 파악할 때에만, 그 실제적 의미가 시대적 제약에 따른 발생사적 맥락을 뛰어넘을 수 있다. 라드브루흐가 가르치고 있는 바와 같이,[6] 정의와 법적 안정성 사이의 모순이 모든 법에 내재한 것이라면, 정의와 법적 안정성의 대립에 근거한 법적 문제를 해결하려고 할 때에는 언제나 이 공식을 고려할 가치가 있다.[7]

---

5) Schumacher(주 2), 69면을 참고. 라드브루흐 공식을 해석하는 이와 같은 방식은 최근의 해석에서도 반복되고 있다. 예컨대 R. Dreier(주 3), 891면[여기서 *드라이어*는 라드브루흐 공식을 실증주의적 법개념에 대항하는 불법논거(Unrechtsargument)의 고전적 형태로 파악한다]; ders., Der Rechtsstaat im Spannungsverhältnis zwischen Gesetz und Recht, in: ders., Recht-Staat-Vernunft, 1991, S. 81(이 논문에서도 *드라이어*는 나치 불법국가라는 '예외상황'을 라드브루흐 공식이 실제적 관련을 맺는 제1차적인 문제로 파악한다); Ott, Die Radbruchsche Formel. Pro und Contra, in: Zeitschrift für Schweizerisches Recht, NF 107(1988), S. 335 ff.; ders.(주 3), 같은 곳; Laage, Die Auseinandersetzung um den Begriff des gesetzlichen Unrechts nach 1945, KJ 1989, S. 409 ff.; H. Dreier, Die Radbruchsche Formel — Erkenntnis oder Bekenntnis?, in: Festschrift für Walter, 1991, S. 117 ff.; Alexy(주 3), 같은 곳 등 참고. 이처럼 공식의 역사적 맥락을 중시하는 것과 다른 관점에서 공식을 파악하려는 입장에 관해서는 아래의 주 139)를 참고.

6) Radbruch, Gesetz und Recht, in: Arthur Kaufmann(Hrsg.), Radbruch Gesamtausgabe, Bd. 3 Rechtsphilosophie III, bearbeitet von Hassemer, 1990, S. 100.

7) 이러한 테제에 관해서는 아래의 48면 이하와 113면 이하를 참고.

이 책의 목표는 지금까지 라드브루흐 법철학 전반과 특히 라드브루흐 공식을 해석할 때 간과되어 온 법이념과의 상관성을 밝히려는 것이다.[8] 아래에서는 우선 라드브루흐 공식의 개념을 간략히 설명(제2장)한 후, 라드브루흐 법철학이 전개된 이론적 배경을 함께 고려하여 공식의 내용을 재구성해 보겠다(제3장). 이러한 서술의 본질적인 인식관심은, 그의 사상이 어떠한 과정을 거쳐 형성되었는지를 정확히 규정함으로써 그의 사상에 단절적인 요소가 있다는 주장을 반박하는 것이다. 그런 이후에 공식이 민주적 법치국가에서 갖는 실제적 의미를 분석해 보겠다. 여기서는 첫째, 공식의 불법국가와의 관련성이 갖는 형법적 의미에 비추어 최근의 국경수비대 소송을 고찰(아래의 제4장 1)하고 둘째, 공식이 보편적 법원칙으로서 갖는 의미에 비추어 확정력을 갖는 오판의 문제를 고찰하겠다(제4장 2). 마지막으로 라드브루흐 공식은 모순해결규칙(Kollisionsregel)으로서 법치국가에 내재하는, 정의와 법적 안정성 사이의 긴장(이는 우리의 법감정에 비추어 볼 때에도 가장 민감하게 느껴지는 문제이다)을 완화하는 기능을 갖고 있음을 밝히겠다(제4장 3).

---

8) 따라서 법의 개념과 효력을 둘러싸고 벌어지는 자연법과 법실증주의 사이의 일반적인 논쟁에서 법실증주의가 행하고 있는 라드브루흐 공식에 대한 근본적인 비판은 이 연구의 주제가 아닐 뿐만 아니라, 설령 그러한 비판을 다룬다 할지라도 주변적인 의미를 가질 뿐이다. 이에 관한 상세한 논의는 Alexy(주 3), 70면 이하; Ott, Rechtspositivismus, S. 187 ff.을 참고.

제2장 라드브루흐 공식의 개념

라드브루흐 공식의 개념[9]은 '공식'이라는 단수의 표현이 사용되고 있는 것과는 달리 통일된 개념적용방식이 존재하지 않는다. 엄밀히 보면, 하나의 라드브루흐 공식이 아니라 다수의 공식들이 공존함을 알 수 있다. 나의 생각으로는, 공식을 '좁은' 의미로 이해하는 두 가지 방식과 '넓은' 의미로 이해하는 두 가지 방식을 구별할 수 있을 것 같다. '좁은' 의미에서 공식을 해석하는 두 가지 방식은 서두에서 언급한 라드브루흐의 논문의 다음과 같은 부분에 관련되어 있다;

> "정의와 법적 안정성 사이의 갈등은 다음과 같이 해결할 수 있을 것이다. 즉 규정(Satzung)과 권력에 의해 보장된 실정법은 그 내용이 정의롭지 못하고(ungerecht) 합목적성이 없다고 할지라도 일단은 우선권을 갖는다. 그러나 실정법률의 정의에 대한 위반이 참을 수 없는(unerträglich) 정도에 이르렀다면, '부정당한 법'(unrichtiges Recht)인 그 법률은 정의에게 자리를 물려주어야 할 것이다. 물론 어떠한 경우에는 법률적 불법이며 어떠한 경우에는 비록 부정당한 내용을 지녔지만 그럼에도 효력을 갖는 법률인지를 확연하게 구별하는 것은 불가능하다. 그러나 한 가지 경계선만은 명백하게 확정할 수 있다. 즉 결코 정의를 추구하지 않는 경우, 다시 말해서 실정법을 제정하면서 정의의 핵심을 이루는 평등을 의식적으로 부정(ver-

9) 개념에 관해서는 무엇보다 Evers, Der Richter und das unsittliche Gesetz, 1956, S. 79 참고.

leugnen)한 경우 그 법률은 단순히 '불법'에 그치지 않고, 법의 성질 자체를 갖고 있지 않다."[10](강조 표시는 지은이)

라드브루흐 공식의 개념을 '좁게' 해석하는 두 가지 방식 가운데 첫 번째 견해(이는 또한 다수의 견해이기도 하다)는 위 인용문의 앞부분, 즉 '정의에 대한 참을 수 없는 위반'이라는 표현에 초점을 맞추고, 이 부분을 '참을 수 없음—테제'(Unerträglichkeitsthese)라 부른다.[11] 이에 반해 두 번째 견해는 인용문의 마지막 문장에 초점을 맞추어 이른바 '부정테제'(Verleugnungsthese)라고 부른다.[12] 그러나 라드브루흐 공식의 개념을 '넓게' 보는 두 가지 방식은 위 인용문의 콘텍스트를 벗어난 해석을 표명한다. '넓은' 의미로 해석하는 첫 번째 견해에 따르면, 공식은 1945년 이후 라드브루흐가 전개한 법효력론(Rechtsgeltungslehre) 전반과 관련시켜 이해해야 하며, 예컨대 「법률적 불법과 초법률적 법」이라는 논문 제목 자체가 그의 법효력론을 그대로 보여주고 있다고 한다.[13] 이에 반해 두 번째 견해에 따르면 공식은 규범적 측면과 서술적 측면을 갖고 있는데, 전자는 '참을 수 없음—테제'에 관

10) Gesetzliches Unrecht und übergesetzliches Recht, S. 107 l. Sp.u./r.Sp.o. *제보데*(Seebode, Das Verbrechen der Rechtsbeugung, 1969, S. 44)와 *슈마허*(주 2, 24/25면)는 라드브루흐의 이러한 서술이 자유법론자였던 *라이히엘*(Reichel)의 입장과 유사하다는 점을 지적하고 있다. *라이히엘*은 1915년에 이미 법관들에게 법률규정이 '각 시대의 보편적인 윤리의식에 엄청나게 모순'될 때에는 그러한 '법률규정의 적용을 의식적으로 피해야 한다'고 요청했다(Gesetz und Richterspruch, S. 140).

11) *에버스*(Evers, 앞의 책)에서부터 이미 이 표현이 사용되었다. 또한 R. Dreier, Der Begriff des Rechts(주 3), 891면; Wesel, Fast Alles, Was Recht Ist, 1991, S. 415/416. '참을 수 없음—테제'라고 명명하게 된 배경에 관해서는 Schumacher(주 2), 25면 참고.

12) 예컨대 Ott, Der Rechtspositivismus(주 3), 188면. 이 표현의 배경에 관해서도 또한 Schumacher(주 2), 26면 참고.

13) Laage(주 5), 409면. Schumacher(주 2), 1면, 24면의 각주 84도 비슷한 견해를 보이고 있다.

련되고 후자는 법실증주의가 나치불법에 대항할 수 없게 만든 원인이라는 '무기력테제'(Wehrlosigkeitsthese)에 관련된다고 한다.[14] 이처럼 공식에 대한 다양한 해석이 존재하고 있기 때문에 개념적 설명을 할 필요가 있다.

공식을 좁게 해석하는 방식 가운데 두 번째 견해('부정테제')에 대해서는 다음과 같은 반론이 가능하다. 즉, 인용문에서 나타나 있는 바와 같이 '부정테제'는 불법의 효력문제와 관련된다는 점에서 결코 '참을 수 없음－테제'와 분리된 별도의 기능을 갖고 있다고 볼 수 없다. 오히려 '부정테제'는 '참을 수 없음－테제'를 구체화하고 있을 뿐이다. 따라서 라드브루흐 공식을 '부정테제'로 해석하는 견해는 오히려 문제의 핵심을 흐리게 만들 뿐만 아니라,[15] 마치 두 개의 라드브루흐 공식이 존재하는 것 같은 착각을 불러일으킨다. 공식을 '넓게' 해석하는 방식 가운데 첫 번째 견해 또한 설득력이 없다. 물론 '법률적 불법'과 '초법률적 법'이라는 개념이 1945년 이후에 전개된 라드브루흐 법효력론의 핵심개념이라는 점은 옳다. 그러나 이를 공식과 결합시키려는 의도는 유용성이 거의 없다. 왜냐하면 라드브루흐 법효력론의 토대, 즉 두 핵심개념의 기초 자체가 바로 '참을 수 없음－테제'이며, 이 테제는 다시 '부정테제'와 그의 '실천적 상대주의'(praktischer Relativismus)를 통해 보충되기 때문이다.[16] 만일 이러한 '넓은' 개념을 채택하려는 전략이 특히 연방재판소의 판결에 영향을 미친 '부정테제'까지 포함시킴으로써 자신의 견해를 근거지으려 한다면,[17] 이에 대해서

14) H. Dreier(주 5), 119면.

15) Ott, Die Radbruchsche Formel(주 5), 345면. 오트는 '부정테제'를 공식의 내용으로 보고, '참을 수 없음-테제'는 단지 공식의 적용범위를 결정할 뿐이라고 한다.

16) 이 점에 관해서는 아래의 34면 이하의 서술을 참고.

17) 예컨대 Schumacher(주 2), 24면.

도 다음과 같은 반론을 제기할 수 있다. 먼저 연방재판소의 입장을 절대적 근거로 보아야 할 이유가 없다. 더욱이 이러한 넓은 의미의 언어사용을 따른다면, '공식'이라는 단어의 의미는 퇴색하게 된다. '참을 수 없음－테제'와 '무기력테제'를 결합시키는 해석 또한 적절하지 않다. 물론 라드브루흐가 '참을 수 없음－테제'를 제기하게 된 데에는, 독일의 법률가들로 하여금 민족사회주의의 법률적 불법에 무기력하게 만든 것이 바로 법실증주의였다는 그의 견해[18]가 결정적 동기였다는 점에서 이 해석은 일리가 있다. 하지만 동기를 형성한 발생론적 연관성이 곧 논리적 연관성까지 포함하는 것은 결코 아니다. 또한 이러한 방식의 '넓은' 의미의 해석은 '참을 수 없음－테제'의 법철학적 내용을 그 당시의 시대상황에 따른 설명가설과 결합시켜 개념을 불필요하게 확장시키는 문제를 안고 있다. 더욱이 법실증주의가 나치 불법에 책임이 있다는 해석이 역사적으로 아무런 근거가 없다는 점은 오늘날 일반적으로 당연한 사실로 인정되고 있다.

> 바이마르 공화국 시대의 사법(司法)과 법학 전체가 법실증주의에 의해 지배되지 않았을 뿐만 아니라, 초실정적 법사고가 나치의 법적 타락에 대항하는 더욱 강력한 무기를 제공했다는 '무기력테제'의 주장 또한 전혀 근거가 없다. 오히려 이미 1920년대부터 법실증주의로부터 탈피하는 경향이 시작되었고, 민족사회주의의 법적 야만성은 그러한 경향으로부터 득을 보았다.[19]

18) Radbruch, Gesetzliches Unrecht und übergesetzliches Recht, S. 107; ders., Fünf Minuten Rechtsphilosophie, in: ders., Rechtsphilosophie(3. Aufl. 1932), 8. Aufl. 1973, Anhang Nr. 1, Erste Minute S. 327.

19) 이에 관해서는 Walther, Hat der juristische Positivismus die deutsche Juristen im "Dritten Reich" wehrlos gemacht?, in: R. Dreier/Sellert (Hrsg.), Recht und Justiz im "Dritten Reich", 1989, S. 323 ff.; Füßer, Rechtspositivismus und "gesetzliches Unrecht", ARSP 78(1992), S. 301 ff.; Ott, Der Rechtspositivismus(주 3), 206면 이하; Ellscheid, Das Naturrechtsproblem, in: Arthur Kaufmann/Hassemer (Hrsg.), Einführung

따라서 아래의 논의는 라드브루흐 공식의 개념을 '참을 수 없음-테제'로 이해하는 입장에서 출발한다.

in Rechtsphilosophie und Rechtstheorie der Gegenwart, 6. Aufl. 1994, S. 183f.; U. Neumann, Naturrecht und Politik zwischen 1900 und 1945: Naturrecht, Rechtspositivismus und Politik bei Gustav Radbruch, in: Ballestrem (Hrsg.), Naturrecht und Politik, 1993, S. 72 등 참고.

제3장 라드브루흐 공식의 내용

라드브루흐 공식은 다음과 같은 세 가지 측면을 내용으로 한다. 첫째, 정의와 법적 안정성 사이의 갈등을 어느 한쪽의 절대적 우위를 확정하는 식으로 '해결'하는 것은 불가능하며, 따라서 단지 상대적 우위관계를 고려할 수 있을 뿐이다(아래의 1). 둘째, 이 상대적 우위관계는 일단 법적 안정성에 유리하게 규정된다. 다시 말해서 법적 안정성이 상대적 우위를 점한다(아래의 2). 셋째, 법적 안정성의 우위를 상대화하는 기준, 즉 법적 안정성이 하위에 놓이게 되는 기준은 '정의에 대한 참을 수 없는 모순'이 발생한 상황이다(아래의 3). 이 세 가지 언명 속에는 라드브루흐 법철학 전반에 걸쳐 있는 핵심문제가 표출되고 있을 뿐만 아니라, 공식 자체는 "라드브루흐 정의개념의 실질화"(Materialisierung des Radbruchschen Gerechtigkeitsbegriffs)[20]라고 부르는, 그의 법철학의 전개방향을 가장 분명하게 보여주는 예이다. 그렇기 때문에 공식에 대한 분석을 시도할 때에는 그의 법철학의 핵심문제와 공식의 전개방향을 함께 고려해야 한다.

1. 정의와 법적 안정성 사이의 모순

라드브루흐 공식은 법적 안정성의 상대적 우위를 척도로 삼

20) 이에 관해서는 Baratta, Relativismus und Naturrecht im Denken Gustav Radbruchs, ARSP 45(1959), S. 522 참고.

아 정의와 법적 안정성의 대립을 완화한다. 이런 의미에서 공식은 그러한 대립이 법의 모든 영역에서 등장하며, 또한 어느 한 쪽의 무조건적 우위를 확정함으로써 대립을 해소할 수는 없음을 전제하고 있다. 이 두 가지 전제는 라드브루흐 법철학의 핵심테제이며, 법이념(Rechtsidee) 및 법이념 사이의 모순(Antinomie der Rechtsideen)에 관한 그의 확고부동한 이론에도 반영되어 있다.[21)]

라드브루흐는 독일 관념론의 전통에 서서 법을 '법가치, 즉 법이념에 봉사하는 의미를 갖는 실재'(Wirklichkeit)로 파악한다.[22)] 여기서 법의 이념 자체는 정의이며, 그 내용을 더욱 자세히 규정하면 '법에 지향된 정당성',[23)] 즉 '정당한 법'(richtiges Recht)[24)](개념적으로 더욱 정확하게는 '규범적으로 정당한 실정법'[25)])을 의미한다. 법이념은 다시 세 가지 요소로 분화된다. 첫째, 평등을 본질적 내용으로 하는 좁은 의미의 정의, 둘째, 법의 목적영역을 확정하는 합목적성(Zweckmäßigkeit), 셋째, 주로 법의 실정성(Positivität)을 요구하는 법적 안정성이 그것이다.[26)] 그러나 법이

---

21) Radbruch, Rechtsphiosophie, § 9 S. 164 ff.; ders., Die Problematik der Rechtsidee, in: Die Dioskuren, hrsg. von Strich, 3. Band 1924, S. 43 ff.; ders., Vorschule der Rechtsphilosophie (1947), 2. Aufl. 1959, §§ 7-10.

22) Radbruch, Rechtsphilosophie, § 4 S. 119.

23) Ebenda.

24) Radbruch, Vorschule der Rechtsphilosophie, § 6 S. 19. 여기서 라드브루흐는 *슈타믈러*(Stammler, Die Lehre von dem richtigen Rechte, 1902)의 개념을 받아들였다.

25) 정당한 법은 '특별한 종류의 제정법'(gesetzes Recht) (Stammler, 앞의 책, 22면)이다. 왜냐하면 '모든 제정법은 정당한 법이 되고자 하는 시도'(앞의 책, 31면)일 뿐이기 때문이다. 이처럼 제정법과 정당한 법을 구별하지 않는다면 '정당한 법'이라는 표현은 말의 중복에 불과할 것이다. '정당성'의 규범적 의미에 관해서는 Larenz, Richtiges Recht, 1979, S. 13 참고.

26) 이 세 가지 요소를 일목요연하게 파악할 수 있는 Arthur Kaufmann, Problemgeschichte der Rechtsphilosophie, in: ders./Hassemer(Hrsg.),

념의 세 가지 요소들 상호간의 관계는 이중성(Ambivalenz)을 띠고 있다. 한편으로 세 가지 가치이념은 서로 맞물려 있다. 즉 순전히 형식적 평등원칙을 핵심으로 하는 좁은 의미의 정의는 합목적성을 통해 그 구체적 내용을 보충해야 하지만, 합목적성이 법의 내용을 구속력 있게 확정할 수 없다는 라드브루흐의 상대주의 철학 때문에 합목적성은 다시 법적 안정성이라는 권력적 결정에 의존하지 않을 수 없다. 다른 한편 라드브루흐는 법이념 사이의 결코 해소할 수 없는 긴장관계를 확인하고 있다. 이는 그의 모순론의 근본사상이다. 가장 중요한 모순관계는 정의와 법적 안정성 사이의 대립이다. 즉 법적 안정성이 불법의 효력도 정당화하며, 따라서 불법의 안정성(Unrechtssicherheit)까지 포함한다면, 법적 안정성은 필연적으로 정의에 대한 모순을 내포하게 된다.

라드브루흐의 문제인식은 두 가지 점에서 특이한 성격을 띠고 있다. 첫째, 법적 안정성에 법이념의 구성부분으로서의 지위를 부여하며, 둘째, 각 요소 사이의 갈등을 모순관계로 평가한다.[27] 이와 같은 문제인식은 고전적(실체존재론적, substanzontologisch) 자연

Einführung (주 19), 113면 참고.

27) 라드브루흐가 넓은 의미와 좁은 의미의 정의를 구별함으로써 두 가지 정의개념을 사용하고 있다는 사실은 결코 새로운 것이 아니다. 이와 비슷한 구별은 이미 *아리스토텔레스*에서도 나타나 있다(Aristoteles, Nichomachische Ethik V, 1130a- 1131a). *헨켈*(Henkel)은 세 가지 법이념 사이의 관련방식과 그 다양한 측면을 고려하여 이를 '법이념의 양극성'(Polarität der Rechtsidee)이라고 말한다[Einführung in die Rechtsphilosophie, 2. Aufl. 1977, § 36 S. 445 ff.(455/456)]. 또한 *라렌츠*(Larenz)는 이 관계를 '변증법적'이라고 한다[Richtiges Recht(주 25), 41면 이하]. *루만*(Luhmann)은 법적 안정성과 정의 사이의 모순을 체계이론의 관점에서 재구성하여, '법체계가 안고 있는 사회적으로 필요한 복잡성과 결정할 수 있는 적절한 기술이 존재하는 복잡성 사이의 불일치'라고 말한다(Gerechtigkeit in den Rechtssystemen der modernen Gesellschaft, in: ders., Ausdifferenzierung des Rechts, 1981, S. 415/416).

법과 법실증주의를 극복한 법철학을 구성하려는 그의 법철학의 근저에 깔린 프로그램[28]을 감안한다면 충분히 이해할 수 있다.

라드브루흐의 이러한 프로그램은 신칸트주의 법철학의 전통에 따른 것이다. 신칸트주의(Neukantianismus)는 형이상학과 실증주의에 반대하는 경향을 의미한다. 특히 서남독(südwestdeutsch)학파의 신칸트주의는 사변적 관념론이 몰락한 이후 실증주의가 제기한 강력한 보편성주장, 즉 논리학과 수학 이외에는 오로지 자연과학만이 과학으로 존재할 수 있다는 주장을 거부하고, 이른바 '가치관련적'(wertbeziehend) 문화과학(Kulturwissenschaft)이 독자적으로 성립해야 한다는 점을 밝혔다.[29] 실증주의에 반대하는 이러한 경향에 따라 신칸트주의 법철학은 고전적 자연법과 법실증주의의 난점을 극복하여 과학적이고 동시에 비판적인 법철학의 기초를 형성하는 것을 과제로 삼았다.[30] 실증주의와 자연법에 대한 신칸트주의 비판의 핵심은, 두 이론이 법철학의 중요한 관심사인 실정법과 정의의 관계에 대한 선험적 물음의 의미를 오해했다는 것이다. 즉 실증주의는 이 물음 자체를 법사상에서 추방시켜 버리고 단지 일반법학(Allgemeine Rechtslehre)의 한 대상으로 격하시켰다는 점에서 오류를 범했고, 이에 반해 칸트 이전의 자연법은 법가치(Rechtswert)를 법실재(Rechtswirklichkeit)로 상정함으로써, 실정법이 독립된

28) 라드브루흐의 법철학을 이와 같이 평가하는 것에 관해서는 Arthur Kaufmann, Problemgeschichte der Rechtsphilosophie(주 26), S. 102, 107 ff.

29) 대표적인 주창자는 *리커트*(Rickert)와 *빈델반트*(Windelwand)이다. 기본적으로는 Rickert, Die Grenzen der naturwissenschaftlichen Begriffsbildung, 5. Aufl. 1929, S. 3 ff.(7); Windelband, Geschichte und Naturwissenschaft, in: ders., Präludien, 2. Bd., 8. Aufl. 1921, S. 136 ff.(139 ff.) 참고.

30) Lask, Rechtsphilosophie, in: ders., Gesammelte Schriften, Bd. 1, 1923, S. 278 ff.; Stammler(주 24), 93면 이하. 신칸트주의 법철학 전반에 관해서는 Wielikowski, Die Neukantianer in der Rechtsphilosophie, 1914; E. Kaufmann, Kritik der neukantianischen Rechtsphilosophie, 1921 참고.

타당성과 역사적 구체성을 갖고 있어 형식적·실질적으로 상대적 자율성을 갖는다는 점을 간과했다고 비판한다.[31] 이처럼 과학적이고 비판적인 법철학을 확립하려고 했던 라드브루흐는 유명한 방법이원주의(Metodendualismus: 존재와 당위는 서로 다른 영역에 속하는 개념범주이다)와 상대주의(Relativismus: 최상의 당위명제는 인식의 대상이 아니라, 믿음의 대상이다)를 지도사상으로 삼았다.[32]

라드브루흐 공식은 이처럼 신칸트주의를 토대로 삼고 있다. 이러한 사정을 감안한다면, 모든 법에는 정의와 법적 안정성의 긴장이 내재한다는 라드브루흐의 말이 단순히 한 가지 의미차원에 국한되지 않음을 분명히 알 수 있다. 물론 라드브루흐는 1946년에 쓴 「법률적 불법과 초법률적 법」에서 정의와 법적 안정성을 단지 서로 충돌하는 두 개의 법가치로만 설명하고 있다. 하지만 그것은 지면의 제약이라는 어쩔 수 없는 상황 탓이었을 뿐이다. 정의와 법적 안정성 사이의 모순은 서양의 법철학사를 규정하는 자연법과 법실증주의 사이의 대립을 가장 정확하게 대변하는 예이다. 따라서 두 개의 법가치에 관한 이론으로 표현되어 있는 라드브루흐 공식은 사실상 자연법과 법실증주의의 관계에 관한 이론이기도 하다.[33] 라드브루흐 공식은 실체존재론과 법실증주의를 극복하면서, 인식론에 기초한 형이상학비판과 명백한 불법성 사이의 타협을 통해 긴장을 해소하려는 시도이다. 이와 같이 공식이 갖는 또 다른 차원의 의미를 살펴볼 때에 비로소 앞에서 언급했던

31) Lask(주 30), 278/279면, 281면 이하; Radbruch, Rechtsphilosophie, § 3 S. 102 ff., 109 ff. 물론 신칸트주의의 자연법비판이 어떠한 자연법 모델을 대상으로 하는지를 여기서 자세히 논의할 수는 없다.

32) Radbruch(주 18), § 2 93면 이하.

33) 이 점이 명백히 드러나 있는 Radbruch, Gesetz und Recht, S. 99 참고. 갈등의 제3의 의미차원, 즉 법과 도덕의 관계에 관해서는 라드브루흐 정의개념의 실질화를 다루는 아래의 34면 이하에서 논의한다.

공식의 전제들을 이해할 수 있는 길이 열린다.

오해를 피하기 위해 다음과 같은 점을 분명히 해야 할 필요가 있다. 즉 라드브루흐 공식을 자연법과 법실증주의를 극복하기 위한 입장으로 해석할지라도, 공식 자체가 일차적으로는 법실증주의의 한 형태인 법률실증주의(Gesetzespositivismus: 입법자는 어떠한 내용이라도 법률의 형식으로 제정할 수 있다는 입장)[34]에 대항하는 것이었음을 간과해서는 안 된다. 그러나 라드브루흐 공식이든 그의 법이념론이든 당연히 다른 형태의 법실증주의와 관련시켜 고찰할 수 있기 때문에,[35] 아래에서는 '자연법/법실증주의'의 대립구조를 출발점으로 삼는다.

정의와 법적 안정성의 대립을 출발점으로 삼아야 한다는 점은 이미 공식의 서두에서도 명백히 인식할 수 있다. 왜냐하면 법적 안정성이 정의와 동등한 자격을 갖는 법가치로 분화되어 있을 때에만 양자는 서로 충돌할 수 있기 때문이다. 물론 법적 안정성이 과연 독자적 법가치인가에 대해서는 의문이 있을 수 있다. 법적 안정성은 고도로 복잡한 사회의 가치이념이다. 이 용어 자체는 19세기 말에야 비로소 법학문헌에 등장하기 시작했다. 하지만 법적 안정성이라는 개념으로 설명할 수 있는 여러 가지 사고들은 이미 그 전부터 있었다.[36] 이 개념의 출발시점은 16, 7세기 근대사회의 격변기와 거의 일치한다.[37] 그 이후 사회적 분화가 이루

---

34) 법실증주의의 다양한 형태에 관해서는 Ott, Der Rechtspositivismus(주 3), 32면 이하 참고.

35) Ott, 앞의 책, 190면 이하 참고.

36) F.-X. Kaufmann, Sicherheit als soziologisches und sozialpolitisches Problem. Untersuchungen zu einer Wertidee hochdifferenzierter Gesellschaften, 1970, S. 96 ff.

37) F.-X. Kaufmann, 앞의 책, 67면 이하. 이와 관련하여 20세기에는 법적 안정성의 의미가 인식의 확실성(Erkenntnisgewißheit)에서 행위의 안정성(Handlungssicherheit)으로 변화했음을 밝히고 있는 Luhmann(주 26),

어지면서 실정법의 필요성이 높아지고, 특정한 목적에 봉사하는 법체계가 아니라 존립 자체만으로 기능을 갖는 법체계가 형성되면서 사회의 조종이념(Steuerungsidee)으로서의 법적 안정성(=실정법의 안정성)은 자연법의 후견으로부터 해방되었다. 라드브루흐는 이러한 발전경향을 그의 법이념론의 구조에 반영시키고 있다. 그는 법적 안정성을 법이념의 세 번째 구성부분으로 포함시킴으로써 법의 실정성을 보충적인 요소로 파악했던 고전적 자연법으로부터 실정법을 해방시켰을 뿐만 아니라, 실정성 자체를 정당한 법의 조건으로 격상시켰다. "내용적으로 정당해야 한다는 것이 실정법의 과제이듯이, 실정성을 가져야 한다는 것 역시 정당한 법의 개념에 속한다."[38] 이처럼 실정법의 지위가 격상됨으로써 라드브루흐는 이미 헤겔이 그랬듯이 법비판(Rechtskritik)의 관점을 다른 영역으로 옮겨 놓았다. 라드브루흐는 자연법과 실정법을 더 이상 별개의 법세계로 보지 않는다. 오히려 하나의 경험적 법세계에 대한, 서로 구별되긴 하지만 그럼에도 상호관련을 맺는 고찰방식으로 파악한다. 그렇기 때문에 법비판은 추상적으로 구상한 법세계를 척도로 경험적 법질서를 평가하는 자연법적 법비판에서 끝나지 않는다. 법비판의 출발점은 실정법이며, 법비판은 실정법을 전제로 한다.[39] 이런 의미에서 라드브루흐의 법비판은 기능적으

411면 각주 79 참고. 또한 법을 통한 안정성과 법의 안정성(Sicherheit durch und Sicherheit des Rechts)의 구별에 관해서는 Radbruch, Vorschule der Rechtsphilosophie(주 21), § 9 S. 30 참고.

38) Radbruch, Rechtsphilosophie, § 9, S. 165. *헤겔*의 유명한 말 "이성적인 것이 현실적이고, 현실적인 것이 이성적이다"(Hegel, Rechtsphilosophie, Bd. 7 der Suhrkamp-Werkausgabe, Vorrede S. 24)는 비록 상이한 철학적 입장이 존재할지라도 라드브루흐의 이 표현과 일맥상통한다. 이에 반해 *비트횔터*는 정당한 법으로서의 실정법이란 그 자체 모순과 딜레마로 가득찬 법의 수수께끼라고 한다[Wiethölter, Zum Fortbildungsrecht der (richterlichen) Rechtsfortbildung, KritV 1988, S. 1/2].

39) Hassemer, Der Begriff des positiven Rechts, in: Zeitschrift für vergleichende Rechtswissenschaft 77(1978), S. 112/113.

로 분화된 사회에서 강력하게 표출되는 법의 실정화 현상과 근대의 이성법(Vernunftrecht)이 법치국가적·민주적 헌법으로 내재화하는 현상을 고려한 것이라 할 수 있다.

실정법의 개념에서뿐만 아니라, 공식의 두 번째 전제조건에서도 자연법과 법실증주의의 대립을 극복하려는 신칸트주의 법철학의 근본동기를 읽어낼 수 있다. 즉 정의와 법적 안정성 가운데 어느 하나의 절대적 우위를 결코 근거지을 수 없다는 라드브루흐의 테제는 고전적 자연법론이나 법실증주의의 입장과는 완전히 다르다. 법효력론의 관점에서 볼 때, 이 테제는 자연법적이지 않다. 왜냐하면 이 테제는 '구체적으로 우위에 있는 가치가 무엇인가?'라는 물음은 별개로 하고, 실정법이 비록 이성에 반할지라도 일단 구속력을 갖는다는 사고를 포함하고 있기 때문이다. 법실증주의에 가까운 이러한 사고는 명백히 고전적 자연법원칙에 반한다. 고전적 자연법론에 따르면, 자연법은 (일단 그 내용이 인식되어 있는 한) 이에 반하는 실정법을 폐기하며, 따라서 부정당하면서도 구속력을 갖는 실정법이란 존재할 수 없다.[40] 그렇다고 해서 실정법이 어떠한 내용을 갖든 무조건 우위를 차지하는 것은 아니다. 법적 안정성의 상대적 우위를 전제하고 있는 공식의 표현에서 이 점은 분명히 나타나 있다. 이러한 결론은 당연히 법실증주의적 사고와는 일치하지 않는다.[41] 더 나아가 실정법의 비중을 격상시킨 라드브루흐 공식은 결코 실정법과 법적 안정성의 헤게모니를 의미하지 않는다. 그의 법이념론이 확증하고 있듯이, 라드브루흐는 언제나 정의와 법적 안정성을 동등한 법가치로 파악했

40) 예컨대 카톨릭의 도덕철학과 사회철학은 명백히 이러한 입장을 따른다. 이에 관해서는 Cathrein, Moralphilosophie, Bd. 1, 5. Aufl. 1911, S. 463, 566 참고.

41) Hoerster, Zur Verteidigung des Rechtspositivismus, NJW 1986, S. 2480 ff.

다.[42] 양자를 똑같이 효력을 갖는 원칙들 사이의 해소할 수 없는 갈등이라는 의미에서 모순관계라고 한 그의 말에서 이 점은 잘 드러나 있다. 상대주의자인 라드브루흐는 이 두 개의 법가치 사이에 '확실한' 위계질서를 설정하는 것은 불가능하다고 보았고, 이 점에서 고전적 자연법이나 극단적 법실증주의와 뚜렷이 구별된다. 법적 안정성의 상대적 우위라는 라드브루흐의 테제는 '유연한' 질서 또는 '개방적 질서'(offene Ordnung)를 내용으로 하며, 이러한 개방적 질서는 비교형량의 구조(Struktur der Abwägung)를 특징으로 한다.[43] 따라서 라드브루흐의 법이념론은 자연법적도 아니며, 법실증주의적도 아니다. 그의 법이념론은 실정법의 정의이론(Gerechtigkeitstheorie des positiven Rechts)이다.

정의의 실질적 내용이 무엇인가는 다른 모든 정의이론에서 그렇듯이 라드브루흐의 신칸트주의적 정의이론에서도 근본문제에 속한다. 라드브루흐 공식의 첫 번째 테제를 분석할 때에도 당연히 이 근본문제에 부딪히며, 공식에서 등장하는 다른 테제들에 대한 해석, 특히 정의에 대한 참을 수 없는 위반의 조건에 대한 설명에서도 이 근본문제가 결정적 의미를 갖는다. 이렇게 된 데에는 다음과 같은 사정이 동기가 되었다. 즉 1945년 이후 라드브루흐는 정의와 법적 안정성이라는 두 법가치가 모두 평등사상을 전제하고 있음을 지적하면서,[44] 양자 사이의 대립을 결국 정의가 '자기자신'과 빚는 갈등, 표면상의 정의와 진정한 정의 사이의 갈

42) Radbruch, Grundzüge der Rechtsphilosophie, 1914, S. 175-177; ders., Rechtsphilosophie, § 9 S. 164/165; ders., Vorschule der Rechtsphilosophie, § 10 S. 32/33.

43) 가치갈등과 원칙갈등의 구조에 관해서는 Alexy, Theorie der Grundrechte, 1986, S. 77 ff. 참고.

44) 라드브루흐의 평등사상은 그의 법철학의 전개과정에서 아주 중요한 의미를 갖는, 법의 목적에 관한 강연[Der Zweck des Rechts(1937), in: ders., Der Mensch im Recht, 1957, S. 97/98]에서 이미 등장하고 있다.

등으로 해석하는 대안을 여러 번에 걸쳐 제기했다.[45] 이러한 대안을 문제해결방법으로 끌어들인 것을 후기 라드브루흐 사상의 관점에서 해석할 수도 있다. 그의 후기 사상은 1932년에 형성한 (정의와 법적 안정성 사이 및 법의 목적 사이의) 모순이론을 자신의 정의이론의 전개방향, 특히 정의의 실질적 내용을 확보하기 위해 목적이념의 비중을 낮추는 방향으로 수정하면서도, 모순이론 자체는 포기하지 않는 이중전략을 배경으로 한다. 이러한 해석에 따른다면, 라드브루흐는 자신의 정의이론의 강조점을 옮김으로써, 해소할 수 없는 대립(=모순)에서 긴장이 가득한 통일체(=법이념 내에서의 갈등)로 모순이론을 약간 '완화'시켰다고 볼 수 있을 것이다.[46] 그러나 자세히 보면 강조점의 변화가 결정적인 것은 아니다. 라드브루흐의 법이념론은 처음부터 통합(법이념, 넓은 의미의 정의)과 대립(모순)의 통일체로 형성되어 있었다. 따라서 라드브루흐는 1945년 이전에도 정의와 법적 안정성의 대립을 정의가 자기자신과 빚는 갈등으로 서술할 수도 있었다.[47] 그가 그렇게 하지 않은 이유는, 그 당시에는 정의를 극히 형식적으로 이해했기 때문이다. 다시 말해서, 만일 법적 안정성을 포괄하는 넓은 의미의 정의를 전면에 부각시켰다면, 정의와 법적 안정성의 필연적 대립이라는 그 당시 라드브루흐의 입장의 기초가 흔들렸을 것이기 때문이다. 어쨌든 라드브루흐는 1945년 이후에 문제해결을 위한 새로

45) Radbruch, Gesetzliches Unrecht und übergesetzliches Recht(주 1), 같은 곳; ders., Vorschule der Rechts- philosophie, § 10, S. 32/33.

46) 예컨대 Arthur Kaufmann, Das Schuldprinzip, 1961, S. 83 Fn. 178 참고. *에릭 볼프*도 모순이론의 강조점이 바뀌었다는 점을 확인하고 있다 (E. Wolf, Gustav Radbruchs Leben und Werk, in: Radbruch, Rechts-philosophie, S. 72).

47) "따라서 법적 안정성을 다시 정의와 관련시키는 것, 즉 법적 안정성을 포괄적인 정의이념에 귀속시키고 그리하여 법적 안정성을 넓은 의미의 정의가 요청하는 바로 파악하는 것은 불가피한 결론이다" (Radbruch, Grundzüge der Rechtsphilosophie, 1914, S. 178).

운 대안을 제시하면서도, 정의와 법적 안정성 사이의 대립이라는 말 자체는 포기하지 않았다. 이러한 사정에 비추어 볼 때, 단순한 평등 이상의 의미를 갖는 실질적 정의개념을 사용하는 것은 불가피하다.[48] 아래에서는 '표면상의 정의'(scheinbare Gerechtigkeit = 형식적 정의)와 '진정한 정의'(wirkliche Gerechtigkeit = 실질적 정의)를 구별한 라드브루흐의 적절한 표현[49] 속에 라드브루흐 공식의 핵심문제가 자리잡고 있음을 밝히게 된다.

2. 법적 안정성의 상대적 우위

정의와 법적 안정성 사이의 대립을 절대적 우위관계를 확정함으로써 해소할 수 없다는 견해는 상대주의의 정신적 유산이다. 이러한 견해는 상대주의와 함께 라드브루흐 법철학 사상의 핵심에 속한다. 이 핵심사상은 법적 안정성의 상대적 우위라는 그의 테제에서도 원칙적으로 반영되어 있다. 물론 그가 1914년에 자신의 법철학 초판 ―처음에는 「법철학 기초」(Grundzüge der Rechtsphilosophie)라는 제목을 달고 있었다― 을 출간할 때에는 이 테제를 그의 갈등해결모델과 관련시켜 자세히 밝히지는 못했다.

이 점은 「법철학 기초」에 등장하는 다음과 같은 논리적 모순에서 명백하게 드러나 있다. 1914년에 라드브루흐는, 법적 안정성은 실정법과 정당한 법의 관계에서든 또는 절차법과 실체법의 관계에서든 정의에 우선하는 법의 목적이라고 서술했다.[50] 다른 한편 절대적 우위관계를 확정할 수 없다는 자신의 입장에서 출발하여 법적 안정성이 우선하는가 또는 정의가 우선하는가는 개별 사

48) 이 점을 지적하고 있는 F. v. Hippel, Gustav Radbruch als rechtsphilosophischer Denker, 1951, S. 37 ff.(39) 참고.

49) Radbruch, Gesetzliches Unrecht und übergesetzliches Recht(주 1), 같은 곳.

50) Radbruch, Grundzüge der Rechtsphilosophie(주 42), 172면 이하.

례에 맡겨야 한다고 말함으로써 법적 안정성의 우위를 다시 배제한다.[51] 이러한 모순은 단순한 우연이 아니라, 당시의 라드브루흐 이론에 내재하는 요소였다. 그 원인은 무엇보다도 라드브루흐의 정의이론이 「법철학 기초」에서는 아직 발전된 형태로 제시되지 못했다는 데에 있고, 이는 또한 목적이념의 상대주의적 성격을 지나치게 강조한 결과였다. 법적 안정성의 상대적 우위라는 입장을 갈등해결이론으로 전환시키기 위해서는 특정한 실질적 정의개념 —그것이 어떠한 성격의 것이든— 이 전제되어야 한다. 그러나 정의개념을 내용이 없는 공허한 형식으로 파악했던 당시의 라드브루흐로서는 실질적 정의개념을 형성할 수 없었다. 그렇기 때문에 1914년에 그가 제시한 이론은 결국 보편적 우위관계 또는 사례에 따른 우위관계 사이에서 어느 하나를 선택할 수밖에 없다는 빈약한 결론에 그치고 만다.

그러나 1932년에 출간된 법철학 제3판에서는 구조적 관계가 훨씬 명확하게 드러난다. 이제 라드브루흐는 정의이론의 개요를 제시하고 법이념 상호간의 모순에 관한 이론을 구성해 낸다.[52] 예전과는 달리 목적사상의 우위가 퇴색했다는 점은 「법철학 기초」에서 77면을 할애했던 이 부분의 서술이 제3판에서는 10면으로 줄어들었다는 사실에서도 분명히 드러난다. 제3판에서 라드브루흐는 법이념의 충돌문제를 「법철학 기초」에서처럼 법효력의 문제[53]로만 다루지 않고, 이를 법이념의 대립과 모순이라는 주제로도 다룰 수 있게 되었다. 따라서 모순이론은 법적 안정성의 상대적 우위라는 테제를 근거짓기 위한 새로운 체계적 지위를 부여받았다.

---

51) 앞의 책, 179면. 또한 Radbruch, Einführung in die Rechtswissenschaft, 2. Aufl. 1913, S. 25 f. 참고.

52) Radbruch, Rechtsphilosophie, §§ 4 und 9.

53) Radbruch, Grundzüge der Rechtsphilosophie, S. 159 ff.

여기서 법적 안정성의 상대적 우위는 법이념의 다른 요소에 비해 법적 안정성만이 발휘할 수 있는 질서기능(Ordnungsfunktion)에 비중을 두고 있다. 질서기능에 따르면, 정의는 형식적이고 합목적성은 상대적이기 때문에 법적 안정성만이 무엇이 법인가를 결정하고 실현하는 힘(Macht)이 된다.[54] 이처럼 라드브루흐는 정의에 비해 법적 안정성이 실정법의 일차적 과제라고 함으로써 실정법의 질서기능을 이론적 출발점으로 삼았다.[55] 즉 실정법은 그 내용적 정당성이 있을 때에만 정의의 요구를 충족시킬 수 있지만, 법적 안정성이라는 목적은 단지 실정성(Positivität)만으로도 실현시킬 수 있기 때문에, 법적 안정성은 개인의 양심이 이에 대해 저항하지 않는 한, 부정당한 법의 효력까지도 정당화할 수 있다는 것이다.[56] 하지만 여기서도 법적 안정성의 원칙적 우위라는 테제가 완전히 명확한 이론전개에 도달했다고 보기 어렵다. 물론 「법철학 기초」에서보다는 훨씬 분명한 이해가 가능하며, 또한 예전과 같이 많은 모순을 포함하고 있지는 않다. 그러나 라드브루흐가 자신의 형식적 정의관에 기초하여 어떠한 상황에서 개인의 양심이 실정법에 대한 복종을 거부해도 되는가를 밝히지 않고 있는 한, 법적 안정성의 상대적 우위라는 테제에 대한 설명이 완벽하게 이루어졌다고 볼 수 없다.

완벽한 설명은 1945년 이후에 가능해진다. 나치의 폭력적 지배를 경험한 1945년 이후에 비로소 라드브루흐는 정의의 실질적 내용을 인정한다.[57] 자연히 모순이론에도 가치이념의 우선순위에

54) Radbruch, Rechtsphilosophie, § 9 S. 164/165.

55) 앞의 책, 165면. 이에 관해서는 Radbruch, Grundzüge der Rechtsphiloophie, S. 172; ders., Einführung in die Rechtswissenschaft, S. 26 참고.

56) Radbruch, Rechtsphilosophie, § 10 S. 177.

57) 예컨대 Radbruch, Vorschule der Rechtsphilosophie 1947, § 7 S. 26/27.

따른 수정이 가해진다. 이제 정의와 법적 안정성 모두 목적이념에 우선하는 가치로 인정된다.[58] 이러한 기초 위에서 라드브루흐는 법적 안정성이 원칙적으로 우선한다는 점을 명확하게 설명할 수 있게 되었다.[59] 이러한 평가는 두 가지 인식을 고려하고 있다. 첫째, 라드브루흐는 법효력론의 관점에서 현대의 법치국가적·민주적 헌법국가에서 실정법은 일단 그 타당성(Geltung)이 추정되지만, 이러한 추정 자체가 반박될 수 있는 가능성이 열려 있다는 인식을 재구성하고 있다. 이러한 타당성 추정은, 예컨대 실정법 규정에서 벗어나는 판결을 내리고자 하는 법원은 자신의 개혁의지를 입증할 의무와 책임을 진다는 논증부담규칙(Argumentationslastregel)에서도 표현되고 있다.[60] 둘째, 라드브루흐는 자연법의 명확성이 다시는 회복될 수 없을 정도로 상실되었음을 실질적으로 시인하고 있다. 즉 오늘날 정당한 법을 인식하는 것은 그 어느 때보다도 어렵게 된 반면, 실정법의 입법적 처분가능성(Verfügbarkeit)은 아주 명백한 사실이 되었다.[61]

3. 정의에 대한 참을 수 없는 위반

앞에서 서술한 바와 같이 라드브루흐는 목적이념의 상대성에 앞서는 실질적 정의개념을 포착함으로써 공식의 두 번째 내용,

---

58) 앞의 책, § 10 32면.
59) 앞의 책, § 10 33면. 또한 Radbruch, Gesetz und Recht, S. 99 참고.
60) *알렉시*는 실정법이 이러한 견고성원칙(Beharrungsprinzip)에 기초하고 있다는 *페렐만*의 이론(Perelmann, Über die Gerechtigkeit, 1967, S. 91 ff.)으로부터 논증부담규칙을 도출하고, 이를 일반적·실천적 논의와 법적 논의에 관한 자신의 이론에 받아들이고 있다(Alexy, Theorie der juristischen Argumentation, 1983, S. 216 ff., 242 ff., 326 ff., 335 ff.).
61) 법의 실정성을 현대사회의 전제조건으로 규정하는 법사회학적 입장에 관해서는 Luhmann, Positivität des Rechts als Voraussetzung einer modernen Gesellschaft, in: ders., Ausdifferenzierung des Rechts, 1981, S. 113 ff.; ders., Rechtssoziologie, 1972, Bd. 2 S. 207 ff. 참고.

즉 법적 안정성의 상대적 우위라는 테제를 더욱 엄밀하게 형성할 수 있게 되었다. 정의개념의 이러한 실질화는 공식의 세 번째 내용인 '정의에 대한 참을 수 없음'이라는 유보조건이 형성되는 전제가 된다. 이 유보조건과 더불어 라드브루흐는 그가 1945년 이전에 표명했던 견해와는 현저히 다른 입장을 갖게 되었다.

a) 법률적 불법

라드브루흐가 발전시킨 갈등해결규칙은 그가 정의와 합목적성의 관계를 어떻게 규정하는가에 따라 서로 다른 단계를 거쳤다. 목적이념의 상대성이 지배하는 「법철학 기초」에서 라드브루흐는 정의와 법적 안정성 사이의 대립을 상대주의적으로 해결할 것을 주장한다. 이에 따르면 구체적 사례에서 양자 가운데 어느 것이 우선하는지를 결정하는 기준은 양 법이념을 포괄하는 공통된 법의 목적으로부터 획득된다고 한다. 즉 각각의 세계관에 따라 자유, 권력 또는 문화 가운데 어느 하나의 법목적(Rechtszweck)이 설정되었다면, "구체적 사례에서 실정성을 무시하는 것과 법규의 부정의성을 무시하는 것 가운데 어느 쪽이 공통의 법목적에 더 많은 손해를 야기하는지를 검토"함으로써 그러한 기준을 획득한다는 것이다.[62] 그러나 1932년에 출간된 「법철학」에서는 이러한 목적이념의 지배를 포기하게 된다. 여기서 라드브루흐는 법의 내용이 법이념의 세 가지 요소 모두에 의존한다는 사실을 강조하면서, 형식과 내용 그리고 효력 사이의 역할분담을 기준으로 모순을 해소하려는 자신의 기존의 입장을 분명하게 거부한다.[63] 이제 라드브루흐는 주관적 해결방법 이외의 다른 가능성을 찾지 못한다. 즉 법적 안정성을 통해 정당화되는 부정당한 법의 효력이 어느 정도까지 미치는가는 오로지 각 개인의 양심이 결정해야 할

62) Radbruch, Grundzüge der Rechtsphilosophie, S. 176 ff.

63) Radbruch, Rechtsphilosophie, § 9 S. 167/168.

문제로 여겨진다.[64] 그러나 1945년 이후에는 법이념의 세 요소 상호간의 관계가 정의개념의 실질화에 따른 목적이념의 퇴조와 더불어 객관적으로 파악된다.[65] 따라서 '참을 수 없음—테제'는 개인적 양심과 관련된 문제가 아니다. 또한 '법관의 법적 안정성에 대한 엄격한 구속'을 주장했던 1945년 이전의 견해[66]에 따라 이 테제의 효력범위를 제한하는 것도 테제의 본래 의도에 합치하지 않는다. 이 테제는 법률적 불법과 초법률적 법 사이의 객관적 모순을 내용으로 하기 때문이다.

물론 라드브루흐도 자신의 갈등해결모델을 구체적인 사례에서 현실화하는 것이 아주 어렵다는 사실을 잘 알고 있었다.[67] 그 때문에 라드브루흐는 '참을 수 없음—테제'와 '부정테제'라는 두 가지 기준선을 제시한다. 그는 부정당한 실정법(=불법)이 과연 어느 정도까지 효력을 갖는가 하는 물음과 관련하여 이 두 가지 기준선을 결합시키고 있다. 즉 '참을 수 없음'이라는 기준은 부정당한 법이긴 하지만 그럼에도 효력을 갖는 법률(='부정당한 법')과 구속력을 갖지 않는 '법률적 불법'을 구별짓는 경계선이다. 또한 부정테제는 '부정당한 법'과 '전혀 법이라 할 수 없는 비법'(非法, Nicht-Recht)을 구별하는 기준이다. 따라서 '참을 수 없음-테제'와 부정테제의 관계는 두 테제가 제기하는 물음의 공통점에서 밝혀진다. 라드브루흐가 부정테제를 부정당한 법과 비법을 가르는 경계선으로 삼았을 뿐, 법과 비법의 경계선으로 삼지는 않았다는

64) 앞의 책, § 10 177면.

65) 라드브루흐가 1937년에 행한 법의 목적에 관한 강연에서 제시한 갈등해결방법은 두 번째와 세 번째 단계의 중간단계에 해당한다. 여기서 라드브루흐는 우선관계의 문제를 '변화하는 각 시대의 책임있는 결정'에 맡기고 있다[Der Zweck des Rechts(주 44), 104면].

66) Radbruch, Grundzüge der Rechtsphilosophie, S. 182/183; ders., Rechtsphilosophie, § 10 S. 178/179.

67) 이 점은 앞의 9면에서 인용한 라드브루흐의 서술을 보면 잘 알 수 있다.

사실은 부정테제가 '참을 수 없음'이라는 유보조건과 완전히 별개의 기능을 갖는 것이 아니라, 오히려 그러한 유보조건의 한 구성부분임을 뜻한다. 다시 말해서 부정테제는 '참을 수 없음-테제'를 보충 또는 구체화한다.

라드브루흐가 자신의 갈등해결모델을 구체화하는 또 다른 구성은 공식의 첫 부분에도 이미 규정되어 있다. 즉 정의와 법적 안정성 가운데 어느 하나가 절대적으로 우선하는 것을 거부하고, 특히 법적 안정성의 원칙적 우위를 인정함으로써 공식의 다음 단계의 기능은 정의에 대한 참을 수 없는 위반이 갖는 교정적 기능(korrektive Funktion)에 국한됨을 암시하고 있다. 이러한 교정기능에 따라 공식은 구체적 사례에 따른 반증모델(Falsifikationsmodell)로 구성된다. 즉 라드브루흐 공식은 법효력론의 관점에서 볼 때, 개별규범 또는 개별규범집단(Normkomplex)의 정당성을 박탈하는 기능에 한정되어 있다. 따라서 한 국가에 의해 조직화된 규범체계 전체를 문제삼는 것은 공식의 적용범위에 해당하지 않는다. 규범체계 전체를 문제삼는 관점은 모든 권력질서(Machtordnung)는, 설령 그것이 불법국가일지라도, 최소한 법적 안정성(또는 불법적 안정성)만은 보장할 수 있다는 식의 주장으로 공식의 의미를 상대화할 수 있다.[68] 바로 그렇기 때문에 라드브루흐는 법률적 불법의 '구

68) 공식이 개별규범에만 관련된다는 점 때문에 라드브루흐 공식은 불법국가의 법질서까지도 정당화할 수 있다고 주장하는 비판이 제기된다 [Grünwald, Zur Kritik der Lehre vom übergesetzlichen Recht, 1971, S. 14: 여기서 *그륀발트*는 라드브루흐의 법철학에서 "현행법은 언제나 신성한 법이다"라고 쓰고 있다. 그러나 그는 라드브루흐 공식과 어떠한 관련성도 보여주고 있지 않다; 또한 Simon, Waren die NS-Richter "unabhängige Richter" im Sinne des § 1 GVG? in: Diestelkamp/Stolleis(Hrsg.), Justizalltag im Drittenreich, 1988, S.20/21. —이 논문에서 *지몬*은 라드브루흐 공식은 "건방지고 비겁하며 위험한 미신"이라고 비판한다]. 공식에 대한 비판과 관련하여 더 자세히는 아래의 73면 이하를 참고.

체적 보기'를 제시하거나 또는 민족사회주의 '법' 가운데 개개의 부분들이 법적 성격을 갖지 않는다고 말할 뿐이다.[69]

'정의에 대한 참을 수 없는 위반'이 갖는 교정기능으로부터 공식의 구체화의 소극적 기능이 도출된다. 즉, 라드브루흐는 무엇이 참을 수 있는 부정당한 법인가를 적극적으로 말할 필요가 없이, 무엇이 참을 수 없는 부정당한 법인가를 말하는 소극적 제한을 시도할 수 있게 된다. 따라서 라드브루흐 공식은 무엇이 법의 본질인가를 적극적으로 밝히는 문제와는 아무런 관계가 없다. 공식은 단지 불법과 비법만을 문제삼는다.[70] "설령 구체적 사례에서 무엇이 '법'인지를 알 수 없다 할지라도, 무엇이 명백한 불법인가는 알 수 있다."[71] 이런 점에서 법률적 불법과 비법은 정의에 대한 참을 수 없는 위반이라는 영역의 윤곽을 형성하는 개념들이다.

라드브루흐에 따르면 이 개념들이 수행해 낼 수 있는 과제는 그 정확도가 서로 다르다고 한다. 즉 부정당한 법과 법률적 불법의 구별은 단순히 정도의 차이만을 밝힐 수 있다고 한다. "실정법의 부정의성이 이 실정법을 통해 보장되는 법적 안정성에 더 이상 비중을 둘 수 없을 정도에 이르렀을 때에는 이 부정당한 실정법은 정의에게 자리를 물려주어야 한다."[72] 이에 반해 라드브루흐는

69) Radbruch, Gesetzliches Unrecht und übergesetzliches Recht, S. 107 r.Sp.

70) Arthur Kaufmann, Gustav Radbruch – Leben und Werk, in: ders. (Hrsg.), Radbruch-Gesamtausgabe, Bd. 1 Rechtsphilosophie I, S. 83/84.

71) Hassemer, Unverfügbares im Strafprozeß, in: FS für W. Maihofer, 1988, S. 183 ff.(193). 오트[Ott, Die Radbruch'sche Formel(주 5), 352면]도 비슷한 입장에서 라드브루흐과 관련하여 부정의의 의미의 확실성과 정의의 의미의 불확실성을 구별한다.

72) Radbruch, Vorschule der Rechtsphilosophie, § 10 S. 33.

부정당한 법과 비법의 경계설정은 훨씬 더 정확하게 이루어질 수 있다고 본다.[73] 라드브루흐 공식은 실정법의 효력의 상대화를 의미한다. 그러나 이로 인해 법적 안정성에 위험을 초래하는 일이 없도록 하기 위해서는 공식의 근거가 되는 반증원칙(Falsifikationsprinzip)과 공식을 통해 반증되는 구체적인 법을 명백히 인식할 수 있어야 하고 또한 광범위한 합의에 기초한 것이어야 한다.[74] 따라서 부정테제는 두 가지 기능을 갖는다. 각각의 불법형태의 문언, 동기 그리고 목적에서 표출되는 정의에 대한 의식적 부정은 정의에 대한 참을 수 없는 부정이 명백히 존재한다는 경계선이 된다. 자주 비판의 대상이 되곤 하는 *헤크*(Heck)의 은유적인 구별을 빌자면 이렇게 말할 수 있다. 즉 비법은 '참을 수 없음'의 개념적 핵심(Begriffskern)이고, 법률적 불법은 그 개념적 주변영역(Begriffshof)이다.[75]

비법이라는 개념이 훨씬 더 엄밀한 경계선을 설정한다는 사실은 필연적으로 부정테제의 비중이 강화되는 결론을 낳는다. 이 점은 법률적 불법의 보기로 든 개개의 법률들을 보면 잘 알 수 있다. 즉 '국가의 전체성을 주장'하고 '인간을 비인간적으로 다루며 인권을 부정'할 뿐만 아니라, '전혀 다른 비중을 갖는 범죄들에 대해 대개는 사형이라는 똑같은 형벌로 위협하는 민족사회주

---

73) Radbruch, Gesetzliches Unrecht und übergesetzliches Recht, S. 107 1. Sp. u/r.Sp.o.

74) 이런 이유에서 라드브루흐는 '그 어느 누구도 이의를 제기할 수 없을 정도로 명백히 법률의 형식을 빌어 범죄적인 권력을 행사'한 경우에만 자신의 공식을 적용해야 한다고 말했다[Radbruch, Neue Probleme in der Rechtswissenschaft, aus: ders., Eine Feuerbach-Gedenkrede sowie drei Aufsätze aus dem wissenschaftlichen Nachlaß, in: Recht und Staat, Bd. 172(1952), S. 33].

75) Heck, Gesetzesauslegung und Interessenjurisprudenz, 1914, S. 46. *헤크*가 이 논문에서 사용하고 있는 본래의 표현은 표상의 핵심(Vorstellungskern)과 표상의 주변영역(Vorstellungshof)이다.

의 법규정'들을 라드브루흐는 단순히 그 부정의성이 법적 안정성에 비해 더 큰 비중을 갖는 부정당한 규범으로만 보지 않았다. 그러한 규정들은 부정당한 규범에 그치지 않고, 이미 법의 성격 자체를 결하고 있어서, 도대체 법이라 할 수 없다.[76] 물론 라드브루흐는 체계적인 관점 때문에 '참을 수 없음-테제'로부터 출발하고 주로 법률적 불법에 대해 말하고 있다. 그럼에도 '참을 수 없음-테제'에 활력을 불어넣는 것은 무엇보다도 부정테제에 의해 충족되는 '비법'이라는 개념이며, 바로 이 개념에서 라드브루흐의 정의개념이 실질화하고 있음을 뚜렷이 인식할 수 있다.

부정테제의 도입은 여러 가지 측면에서 중요한 영향을 미친다. 첫째, 부정테제를 법효력론의 관점에서 문제를 제기하는 한 거점으로 삼고 또한 이를 민족사회주의 '법'질서에 적용할 때 라드브루흐는 결과적으로 그 자신이 제시한, 법률적 불법과 비법의 구별을 다시 없애는 결론에 도달한다. 즉 민족사회주의 법률이 단지 효력이 없는 법규범이든 또는 아예 법이 아니든 법효력론의 관점에서는 의미의 차이가 없다. 그 어느 경우이든 구속력의 근거가 없는 규범이라는 점에서는 마찬가지이기 때문이다. 라드브루흐의 논리에 내포된 모순—한편에서는 민족사회주의 불법이 그 포악한 내용 때문에 효력이 없는 '법'이라 하면서도, 다른 한편에서는 이미 개념적으로 아예 법의 성질 자체를 결하고 있다고 한다[77]—은 해소되지 않은 채로 남아 있다. 둘째, 부정테제를 끌어들임으로써 라드브루흐는 규범의 제정과 관련하여 '참을 수 없음-테제'에 절차적 정당화의 차원을 열어 놓았다. 부정테제의 대상은 실

76) Radbruch, Gesetzliches Unrecht und übergesetzliches Recht, S. 107 r.Sp.

77) 이러한 부정확성을 지적하고 있는 Ott, Der Rechtspositivismus, S. 189 참고.

정법을 제정할 때 정의를 추구했는가의 문제이기 때문이다. 물론 정의에 대한 추구라는 라드브루흐의 말을 단순히 입법자의 주관적 의도의 중요성을 지적한 것으로 이해한다면, 이는 부정테제의 의미를 축소하는 것이 된다. 실정법을 제정할 때 과연 정의를 추구했는지는 법제정 절차의 결과인 구체적 법률뿐만 아니라, 그 절차 자체에서도 표출된다. 이 점에서 법제정 기관이 정의를 추구해야 한다는 사실은 여러 가지 의미를 포함한다. 즉 '정의에 대한 추구'라는 관점은 라드브루흐 공식을 확장하여 질적으로 새로운 형태의 논증구조를 갖도록 만든다. 공식에서 표현되고 있듯이, 오늘날 정당한 법을 인식하는 것이 그 어느 때보다 힘들다는 라드브루흐의 생각은 오늘날과 같은 가치다원주의 사회(wertpluralistische Gesellschaft)에서는 어떤 실체적 가치에 대한 모순을 곧장 법률적 불법의 확실한 징표로 단정할 수 없다는 사정에 합치한다. 다시 말해서 정의에 대한 추구는 오로지 결과의 정당성에 지향된 실체적 가치로는 법을 근거지을 수 없는, 확실성이 상실된 현대사회의 상황을 반영한다. 따라서 정의에 대한 추구는 법을 제정할 때 일정한 절차를 준수하는 것과 관련을 맺는다. 법은 그것이 획득되는 방법과 불가분의 관계를 맺고 있기 때문에 정의를 추구하는 절차를 걸쳐 성립된 규범만이 법의 성격을 갖는다. 그러므로 법률적 불법의 존재여부를 판단하는 실체적 정당성(실질적 정의)이라는 기준 이외에, 정의를 지향해야 할 의무를 부담하는 세 국가권력(입법 · 사법 · 행정)은 정당한 절차규칙을 준수해야 한다는 또 하나의 기준이 추가된다. 이 두 번째 기준은 첫 번째의 그것에 비해 훨씬 더 명확하게 검증할 수 있다(물론 이러한 결론은 라드브루흐의 사상에 대한 발전적 해석에 따른 것이다). 절차적 정의는 법이 효력을 갖기 위한 필수적 전제조건이며, 하나의 법률이 효력을 갖는다는 추정을 가능하게 하는 징표(Indiz)이다. 이런 의미에서 라드브루흐의 부정테제는 그 문제인식의 측면에서 볼 때 오늘날 강력한 영향을 미치고 있는 절차적 정의이론[78]을 지향하고 있다.

라드브루흐는 이와 같은 다양한 의미차원을 배경으로 '초법률적 법'이라는 개념을 발전시켰다. 비록 라드브루흐는 민족사회주의 법률의 반가치적 내용이 형식적 평등원칙을 의식적으로 위반한 데 있다고 보긴 했지만,[79] 그가 정의에 대한 참을 수 없는 위반이라는 유보조건을 구체화할 때 하나의 실질적 정의이론에 기초했다는 점은 명백하다. 라드브루흐가 갈등해결을 위한 개념범주로 원용한 가치는 특히 인권, 민주주의, 인간성[80] 그리고 법치국가[81]이다. 이 가치들은 결코 평등원칙으로부터 연역될 수 없다. 라드브루흐는 평등원칙이 무엇이 같고 무엇이 같지 않은지를 제시할 수 없을 뿐만 아니라, 평등취급의 방식도 확정해 주지 못하며, 그렇기 때문에 단순히 형식적인 원칙일 뿐이라는 점을 언제나 정확하게 인식하고 있었다.[82] 라드브루흐가 자신의 초기 사상에서 법의 상대적 목적의 영역에 귀속시켰던 가치들은 후기 사상에서는 법의 형식 자체 내에 흡수되어 반증원칙으로서 법이념의 실질적 내용을 구성한다.

법이념이 '비법'(Nicht-Recht)이라는 개념을 통해 일정한 경우

78) 이에 관해서는 Arthur Kaufmann, Prozedurale Theorie der Gerechtigkeit, 1989; Hoffmann, Verfahrensgerechtigkeit: Studien zu einer Theorie prozeduraler Gerechtigkeit, 1992, S. 166 ff.; Habermas, Faktizität und Geltung, 1992, S. 516 ff. und passim; 실체적 자연법에서 절차적 자연법으로의 전환과 관련해서는 Maus, Zur Aufklärung der Demokratietheorie, 1992, S. 148 ff.

79) Radbruch, Gesetzliches Unrecht und übergesetzliches Recht, S. 107 r.Sp.

80) Radbruch, Gesetz und Recht, S. 99; ders., Vorschule der Rechtsphilosophie, § 32 S. 97 ff.

81) Radbruch, Neue Probleme in der Rechtswissenschaft, S. 33.

82) Radbruch, Vorschule der Rechtsphilosophie, § 7 S. 26; ders., Rechtsphilosophie, § 4 S. 122. 평등원칙의 실질적 내용은 이 원칙이 자의적인 불평등취급을 금지한다는 데에 있다.

에는 실정법을 폐기하는 작용을 하는 한, 법이념은 형식적 자연법의 기능을 갖는다(이 점과 관련하여 라드브루흐의 사상은 어떠한 의문점도 있을 수 없다). 즉 초법률적 법은 일정한 조건하에서는 부정당한 실정법을 파괴한다.[83] 그렇다고 해서 이 형식적 '자연법'의 실질적 내용이 무엇인가에 대해서는 아직 명확한 대답을 한 것이 아니다. 물론 "인권을 침해해서는 안 된다"는 원칙을 법규범의 정당성조건으로 삼는 소극적 어법을 구사한다는 이유로 라드브루흐 공식이 적극적·실질적 법효력론을 포함하고 있지 않다고 단정할 수는 없다. 왜냐하면 무엇이 정당한 법인가에 대한 적극적 표상을 갖지 않은 채, 극악한 불법을 말할 수는 없기 때문이다.[84] 하지만 그렇다고 해서 그러한 실질적 자연법이 선험적 자연법(transzendentales Naturrecht)인지, 초법률적 법이라는 개념이 신칸트주의적 입장을 뛰어넘는 것인지, 법실증주의자 사울이 나치를 경험한 이후에는 자연법론자 바울로 개종한 것이라는 이른바 불연속성테제[85]가 과연 옳은 것인지 등의 물음은 아직 완전히

---

83) Radbruch, Vorschule der Rechtsphilosophie, § 36 S. 114; ders., Fünf Minuten Rechtsphilosophie, Vierte und Fünfte Minute S. 328. 따라서 *알렉시*가 라드브루흐 공식은 초실정적 법을 전제한다고 강조한 것 (Alexy, Mauerschützen. Zum Verhältnis von Recht, Moral und Strafbarkeit, 1993, S. 26 Fn. 59)은 옳다. 이와 다른 견해로는 M. Frommel, Die Mauerschützenprozeß — eine unerwartete Aktualität der Radbruch'schen Formel, in: Strafgerechtigkeit, FS für Arthur Kaufmann, 1993, S. 89; Arthur Kaufmann, NJW 1995, S. 85 f.(이 논문은 나의 책이 인쇄되고 있을 때 출간되었기 때문에 이 논문이 어떠한 입장에 서 있는지를 정확히 평가할 수 없었다).

84) Arthur Kaufmann, Gustav Radbruch — Leben und Werk, S. 84. 이밖에도 이른바 '부정의 철학'(philosophia negativa)에 기초하여 '법은 불법이 없는 것이다'고 파악하는 Neufelder/Tratmann, Kennzeichen Unrecht. Eine pragmatische Rechtsphilosophie, 1993, S. 17 ff. (18), 37 ff. (38) und passim 참고.

85) F. v. Hippel, Gustav Radbruch als rechtsphilosophischer Denker, 1951, S. 36: "법철학적 회심의 체험"; ders., ebenda, S. 99, Fn. 54: "이렇게 하여 초기의 실증주의자와 … 후기의 기독교적 자연법론자 사이에

대답되지 않았다.

b) 초법률적 법

지금까지의 서술만으로도 라드브루흐 사상의 단절적 요소를 강조하는 불연속성테제의 타당성에 대한 반론으로 충분할 것이다. 특히 라드브루흐가 1933년 이전에는 법실증주의자였다는 이 테제의 전제는 라드브루흐가 갖고 있던 신칸트주의적 학문프로그램의 근본동기와 법이념에 지향된 그의 비실증주의적 법개념을 오해한 것이다. 만일 그러한 전제가 맞다면, 라드브루흐가 이미 「법철학 기초」에서 '파렴치한 법률'의 부당성을 지적하는 것은 불가능했을 것이다.[86] 더욱이 라드브루흐의 사상을 전기와 후기로 구분하려는 불연속성테제의 주장은 오히려 혼동만 가중시킬 뿐이다. 이미 앞에서 보았듯이, 그의 철학은 끊임없는 변화 속에서 형성되었다. 「법철학 기초」 초판이 출간된 1914년과 「법철학」 초판이 출간된 1932년 사이에 이루어진 그의 사상적 변화는 1933년 이후의 변화에 비해 그렇게 강력한 것은 아니지만, 1933년 이후의 그것 못지 않게 중요한 의미를 갖고 있다.

오해를 피하기 위해 다음과 같은 점을 지적해 둘 필요가 있다. 즉 여기서 내가 라드브루흐의 법철학을 철저히 비실증주의적

는 더 이상 커다란 공통점을 찾기 어려워졌으며"; Bauer, Das 'gesetzliche Unrecht' des Nationalsozialismus und die deutsche Strafrechtspflege, in: Gustav Radbruch Gedächtnisschrift, 1968, S. 302: "법실증주의에서 자연법으로의 생동감 넘치는 비약"; Zweigert, Vorwort zur 9.AUflage von Radbruchs 'Einführung in die Rechtswissenschaft', 13. Aufl. 1980, S. 8: "방법이원주의와 상대주의로부터 라드브루흐가 등을 돌렸음"; R. Dreier, Recht und Moral, in: ders., Recht-Moral-Ideologie, 1981, S. 189: "근원적인 교정". 불연속테제에 대한 일반적인 내용으로는 Wolf, Umbruch oder Entwicklung in Gustav Radbruchs Rechtsphilosophie?, ARSP 45 (1959), S. 481/482 참고.

86) Radbruch, Grundzüge der Rechtsphilosophie, S. 175/176.

법철학으로 해석한다고 해서, 1945년 이전과 이후의 그의 비실증주의적 사상이 상이한 모습을 띠고 있다는 사실 자체에 의문을 표명하는 것은 아니다. 1933년 이전의 라드브루흐는 명백히 1945년 이후보다 법적 안정성에 커다란 비중을 두었다. 가장 대표적인 예는, 앞에서 서술했듯이,[87] 실정법의 효력과 관련하여 일반 시민과 법관의 태도를 구별하는 그의 입장이다. 이미 1932년에 라드브루흐는 각 개인에게 각자의 양심에 기초하여 실정법에 대한 복종을 거부하는 것을 인정했다. 이에 반해 1945년 이전에는 법관은 어떠한 경우에도 '법적 안정성의 봉사자'이어야 한다고 주장했다.[88] 법실증주의가 민족사회주의의 불법 앞에 무기력하게 굴복하게 만든 원인이었다는 라드브루흐의 테제가 성립하게 된 동기는 법관의 법적 안정성에 대한 무조건적 구속이었지, 어떤 자연법에 대한 확신은 아니었다. 따라서 라드브루흐 법철학을 자연법과 법실증주의를 극복했다거나 양자의 사이에 있다고 규정한다고 해서, 그의 법철학이 자연법과 법실증주의에 대해 등거리를 유지하는 고정된 중간점에 위치한다고 주장하는 것으로 생각해서는 안 된다.[89]

다른 한편 수많은 라드브루흐 해석자들이 강조점의 변화,[90] 이론이성에서 실천이성으로의 전환[91]이라고 여기는 전개방향이

87) 앞의 23면.

88) Radbruch, Rechtsphilosophie, § 10 S. 177-179.

89) 예컨대 U. Neumann, Naturrecht und Politik zwischen 1900 und 1945: Naturrecht, Rechtspositivismus und Politik bei Gustav Radbruch, in: Ballerstrem(Hrsg.), Naturrecht und Politik, 1993, S. 73/74.

90) Baratta(주 20), 506면; Wolf(주 46), 69면; H. -P. Schneider, Gustav Radbruch (1878-1949). Rechtsphilosoph zwischen Wissenschaft und Politik, in: Kritische Justiz(Hrsg.), Streitbare Juristen. Eine andere Tradition, 1988, S. 303; Hassemer, Einführung in Bd. 3 der Radbruch Gesamtausgabe, S. 13; H. Dreier(주 5), 129면.

91) H. -P. Schneider, Gustav Radbruchs Einfluß auf die Gegenwart, in: Radbruch, Rechtsphilosophie, S. 359; 슈나이더의 견해를 따르고 있는

라드브루흐 법철학에서 갈수록 뚜렷해진 것은 사실이다. 그것은 바로 1933년 이전에는 단순히 형식적으로만 파악되던 정의가 실질적 정의로 바뀌어간 점이다(불연속성테제가 근거로 삼는 측면도 이 점이다. 하지만 이 테제 자체의 타당성은 별개의 문제다). 따라서 정의 개념의 실질화가 과연 어떠한 성질을 갖는지를 자세히 규정하는 것은 법률적 불법이라는 개념을 해명하는 전제가 된다. 정의개념의 실질화를 이해하기 위해서는 서로 밀접하게 결합되어 있는 상대주의, 도덕 그리고 자연법이라는 세 가지 개념을 풀어 헤쳐 파악할 필요가 있다.

이미 1916년에 *엠게*(Emge)는 법철학적 상대주의에 관한 그의 연구에서 라드브루흐의 상대주의는 훗날의 세대에게는 거의 이해할 수 없는 것이 되리라는 중요한 언급을 남긴 바 있다.[92] 사실 라드브루흐 상대주의가 갖는 이차원성, 즉 '이론적 상대주의'와 '실천적 상대주의'의 구별에 대한 인식과 그에 따른 기본적 평가가 항상 이루어진 것은 아니다. 그의 상대주의는 너무나도 빈번히 "가치는 근거지울 수 없다"는 테제로 축소되어 이해되곤 한다. 물론 이 테제는 앞에서 라드브루흐의 모순이론을 설명하면서 언급했듯이, 이론적 상대주의의 측면에서는 중요한 의미가 있다. 즉 최고의 당위명제는 인식의 대상이 아니라, 믿음의 대상일 뿐이다.[93] 그러나 그의 상대주의가 결코 이러한 테제에 그치지 않고, 오히려 '이론적' 상대주의가 '실천적' 상대주의로 귀착된다는 점은 라드브루흐 자신에게도 이미 1933년 이전부터 명백한 것으로 여겨졌다. 신칸트주의 법철학의 목표는 과학적이며 동시에 비

Arthur Kaufmann, Gustav Radbruch — Leben und Werk, S. 88.

92) Emge, Über das Grunddogma des rechtsphilosophischen Relativismus, 1916, S. 14.

93) Radbruch, Rechtsphilosophie, § 2 S. 93 ff.

판적인 법고찰의 토대를 형성하는 것이었다. 따라서 라드브루흐는 처음부터 상대주의가 단순히 법학의 전제에 그치지 않고, 정당한 법의 내용을 규정하는 데도 중요한 기여를 한다고 생각했다.[94) 이런 의미에서 라드브루흐는, 상대주의가 실현되기 위해서는 '이론이성의 침묵이 곧 실천이성에 대한 가장 열렬한 호소'임을 이해하는 정신적 태도가 전제된다는 사실을 언제나 강조한다.[95) 바로 그 때문에 1932년에 출간된 「법철학」에서도 라드브루흐는 상대주의를 민주주의의 정신적 기초로 설명할 수 있었다.[96) 따라서 상대주의를 실천이성이 아니라 이론이성의 영역에 고정시키는 라드브루흐의 입장은 상대주의를 민주주의의 기초로 보는 입장과 전혀 모순되지 않는다.[97) 회의주의나 불가지주의와 결부시키는 입장이 보여 주듯이, 라드브루흐는 진리와 관련해서는 인식론적 상대주의에서 출발한다.[98) 그러나 인식의 근원적 불확실성에 따른 상대주의를 근거로 가치를 근거지을 수 없다는 라드브루흐의 테제가 실천철학의 영역에도 적용된다고 확대해석해서는 안 된다. 라드브루흐는 가치를 근거지을 수 없다는 테제로부터 모든 가치적 태도가 동등한 정당성을 갖는다는 사실을 추론한다. 이 점에서 라드브루흐는 명백히 가치상대주의, 즉 하나의 내용적 입장을 주장하는 셈이다.[99) 라드브루흐의 '대립주의'(Antinomismus)[100)는 그 이

94) Radbruch, Grundzüge der Rechtsphilosophie, S. 24/25.

95) Radbruch, 앞의 책, 25면; Rechtsphilosophie, § 2 S. 100.

96) Vorwort, S. 82. 또한 § 10 S. 175 Fn. 2 참고. 특히 주목할 점은, 1932년에 라드브루흐는 「법철학 기초」에서(이에 관해서는 앞의 23면 이하 참고)와는 달리 단지 '부분적' 상대주의, 즉 합목적성과 관련해서만 상대주의를 주장하고, 정의와 법적 안정성과 관련해서는 상대주의를 거부한다는 사실이다. *페트라쉐크*(Petraschek)의 이러한 '부분적 상대주의'에 대해 라드브루흐는 전적으로 동의하고 있다(Rechtsphilosophie, § 2 S. 98 Fn. 1).

97) Radbruch, Rechtsphilosophie, § 2 S. 100.

98) 앞의 책, 같은 곳.

99) 상대주의에 대한 이러한 해석에 관해서는 Grewendorff/Meggle, Zur Struktur des metaethischen Diskurses, in: dies.(Hrsg.), Seminar:

론적 출발점에도 불구하고 핵심적 내용은 실천적 상대주의이다.

물론 1933년까지는 상대주의의 이론적 측면이 라드브루흐 법철학을 지배했다는 점에 대해서는 의문의 여지가 없다. 비록 라드브루흐가 1932년에 '특정한 내용의 초실정적 자연법명제'가 존재한다[101]고 암시하고 있긴 하지만, 1933년까지의 그의 연구에서 정당한 법의 절대적 내용이 자세히 설명된 부분을 찾아볼 수는 없다. 그 당시까지는 자신의 형식적 정의개념을 배경으로 자연법을 대체하는 기능을 갖는 세 가지 근본가치, 즉 개인주의(자유가치), 집단주의(권력가치) 그리고 초인격주의(문화가치) 가운데 어느 하나를 절대가치로 선택할 수밖에 없고, 이 세 가치 사이에는 우월성이 없다는 상대주의를 발전시켰다.[102] 우리의 논의와 관련해서는 정의와 도덕의 관계가 중요하다. 라드브루흐는 도덕을 법의 목적이자 구속력의 근거로 보았다.[103] 그래서 라드브루흐는 윤리

Sprache und Ethik, 1974, S. 14. 여기서 *그레벤도르프*와 *메글레*는 상대주의와 메타윤리적 주관주의(가치는 주관적 체험에 불과하다는 것을 주장할 뿐 여타의 어떠한 내용적 입장도 포함하지 않는 메타윤리 ―옮긴이)를 혼동하지 말도록 경고한다. 상대주의의 두 가지 형태(인식론적 및 윤리적 상대주의)에 관해서는 Wein, Das Problem des Relativismus, 1950, S. 15 ff., 34 ff. 참고.

100) Radbruch, Rechtsphilosophie, § 2 S. 101.
☞ 원문의 'Antinomismus'라는 표현은 원래 '조화'(Harmonie)의 반대, 즉 '분열된 다양성'을 의미한다. 라드브루흐는 이 단어를 통해 각자가 자신의 신념에 따라 행동하고, 개개의 신념을 존중하는 상대주의적 입장을 주장하고 있다(옮긴이).

101) Radbruch, Rechtsphilosophie und Rechtspraxis, JW 1932, S. 3738. 이 논문에서 라드브루흐는 이미 '사물의 본성'(Natur der Sache)을 법원(法源, Rechtsquelle)으로 인정하고 있다: "판결의 근거가 되는 법규 가운데는 실정법으로부터 도출되지는 않지만, 그 자체 필연적인 설득력을 갖는 법규가 존재한다는 점에 대해서는 어떠한 의문도 있을 수 없다."

102) Radbruch, Grundzüge der Rechtsphilosophie, S. 84 ff.; ders., Der Mensch im Recht, S. 80 ff. (81).

103) Radbruch, Rechtsphilosophie, § 5 S. 134.

적 가치에 관한 이론을 세 가지 가치의 근원이라고 부른다. 그럼에도 불구하고 정의는 특수한 도덕적 개념범주가 아니라, 단지 '도덕과 결합'함으로써 이차적인 의미에서 '도덕적 가치'가 된다고 한다.[104] 다시 말해서 정의가 도덕적 가치가 된다고 할지라도, 정의 자체는 나름의 자기법칙성에 따른다는 것이다. 결국 1933년까지 지속된 라드브루흐의 형식적 정의개념은 일차적으로 도덕에 중립적이다.

1933년 이후 상대주의, 도덕, 자연법의 개념적 위상은 라드브루흐가 자신의 정의개념을 실질화함으로써 변화를 겪는다. 이러한 변화의 첫 단계는 실천적 상대주의의 내용을 더욱 뚜렷하게 형성하는 것이다. 다시 말해서 가치상대주의가 전제로 삼는 규범적 조건들을 자세히 밝히게 되었다. 1934년에 행한 상대주의에 관한 강연에서 라드브루흐는 '상대주의의 도덕'(Moral des Relativismus)을 근거짓는다.[105] 그는 상대주의를 단순히 법철학의 방법론이 아니라, 법철학의 '초석'(Baustein)으로 파악하고,[106] 이로부터 근대 이성법(Vernunftrecht)의 핵심적인 요청인 법의 실정성, 자유주의, 법치국가, 민주주의, 사회주의 등의 가치를 도출한다. 상대주의는 "보편적 관용을 의미하지만, 불관용에 대해서만은 관용을 거부한다."[107] 라드브루흐가 그의 상대주의의 절대적 기초이자 동시에 자신의 법철학의 기초를 이 말보다 더 명확하게 표현할 수는 없었을 것이다. 1945년 이후에는 실천적 상대주의의 전제조건들을 구체화하고, 따라서 그에 대한 논증의 방식도 변화함을 확인할

---

104) 앞의 책, 135면.

105) Radbruch, Der Relativismus in der Rechtsphilosophie, in: ders., Der Mensch im Recht, S. 80 ff.

106) 앞의 논문, 81면. 이에 반해 Rechtsphilosophie, § 2 S. 98에서는 상대주의를 단순히 방법으로만 해석한다.

107) Radbruch, Der Relativismus in der Rechtsphilosophie, S. 86.

수 있다. 라드브루흐는 법이념의 기초인 인간의 본성(Natur des Menschen)으로부터 출발하여 이제 사물의 본성(Natur der Sache), 순수한 정의, 인간성, 사회권, 민주주의 등을 독자적인 실질적 논점으로 끌어들인다.[108] 특별히 주목해야 할 부분은 인권(Menschenrecht)에 관한 논증이다. 라드브루흐는 '의무의 본질'로부터 인권을 도출한다. 그에 따르면 인권은 국가에 관한 모든 견해가 필연적으로 내포해야 하는 자유주의적 구성부분으로서, 인권이 없이는 법의 간접적 과제인 윤리적 의무의 실현이 불가능할 것이라고 한다.[109] 앞에서 보았듯이 1933년 이후에 이루어진 라드브루흐 정의개념의 실질화는 본질적으로 이 개념의 윤리화(Ethisierung)와 관련되어 있다. 또한 라드브루흐가 정의는 단지 이차적인 의미에서 도덕적 성질을 갖는다는 자신의 기존의 테제를 재론하지 않는다는 사실[110]을 감안하면, 라드브루흐 공식은 법적 안정성과 정의 및 법실증주의와 고전적 자연법의 관계에 관한 이론일 뿐만 아니라, 법과 도덕의 관계에 관한 이론이기도 하다는 점이 밝혀진다.[111] '초법률적 법'이라는 개념이 핵심적인 위치를 차지하는 곳은 바로 이 세 번째 의미차원이다.

비록 라드브루흐가 신칸트주의적 전통의 유지를 우선적인 과제로 삼긴 했지만, 초법률적 법은 1933년 이후의 법철학에서 핵심적인 비중을 차지한다. 그는 초법률적 법을 *슈타믈러*(Stammler)를 원용하여 '내용이 변화하는 자연법'(Naturrecht mit wechselndem Inhalt)이라고 부른다. 이 자연법은 고전적 자연법과는 달리 시대

---

108) Radbruch, Vorschule der Rechtsphilosophie, § 6 S. 20 ff., § 7 S. 26/27, § 32 S. 97 ff., § 33 S. 100 ff., § 34 S. 105 ff.

109) Radbruch, Vorschule der Rechtsphilosophie, § 8 S. 29.

110) 앞의 책, § 13 37면 이하.

111) 같은 견해에 선 Schumacher(주 2), 26면; Alexy, Mauerschützen(주 84), 4면.

와 장소에 따라 가변적이지만, 각각의 경험적 상황에서 객관적으로 정당한 법을 내용으로 해야 한다는 요청을 포기하지 않는 법을 말한다.[112] 따라서 라드브루흐는 '초법률적 법'이라는 개념을 통해 오늘날의 논의에서도 상당한 매력을 갖는, 자연법과 법실증주의를 극복한 법철학을 발전시켰다는 인상을 불러일으킨다. 하지만 과연 초법률적 법이라는 그의 요청이 자신의 구체적인 논증과 합치하는지는 의문이다. 특히 라드브루흐가 이미 1932년에 인식론적 형식주의라고 비판[113]한 *슈타믈러*의 이론을 관련시킨 점을 주목할 필요가 있다. 더욱이 단어선택 자체에 문제가 있다. '내용이 변화하는 자연법'이라는 개념은 기본적으로 내용의 가변성을 포함하는데, 이 표현은 초법률적 법이라는 라드브루흐의 개념에는 적합하지 않다. 라드브루흐는 오로지 형식적 성격을 갖는 것만이 보편타당하다는 신칸트주의의 교조에 따라 초법률적 법의 개념도 그 형식적인 요소에 국한시켜 파악하려고 시도한다. 즉 사물의 본성을 존재와 당위를 엄격히 구별하는 방법이원주의의 극복이 아니라, 양자의 긴장을 완화시키는 것으로 해석하는 입장, 형식적 인간상, 순수한 정의에 대한 요청 등[114]은 그러한 시도에 속한다. 이처럼 형식적인 것을 선험적 방법을 통해 실질화하는 것은 내용의 근본적 상대성과는 합치하지 않는다. 내용이 풍부한 형식을 선험적으로 근거짓는 것은 그러한 내용의 역사적·지리적 불변성을 포함하기 때문이다. 특정한 내용, 즉 그것의 침해를 도저히 참을 수 없는 핵심적 내용은 불변이다. 이는 바로 라드브루흐가 주

---

112) Radbruch, Neue Probleme in der Rechtswissenschaft, S. 32/33; ders., Vorschule der Rechtsphilosophie, § 6 S. 20. *슈타믈러*의 이 개념에 관해서는 Stammler, Wirtschaft und Recht nach der materialistischen Geschichtsauffassung, 4. Aufl. 1921, Kap. 33 S. 174 ff. 참고.

113) Radbruch, Rechtsphilosophie, § 3 S. 112 ff.

114) Radbruch, Vorschule der Rechtsphilosophie, § 6 S. 20, 23, § 7 S. 26/27. 또한 앞의 31면 참고.

로 실질적 관점에서 자신의 이론에 연결시키는 근대 이성법의 핵심요청이다. 변화하는 것은 오로지 자연법이 구체화되고 적용되는 장소인 실정법일 뿐이다. '내용의 변화'라는 표현을 붙인 역사적 자연법의 이념은 바로 이러한 측면을 염두에 두고 있다.[115]

> 내용이 변화하는 자연법이 기독교적 자연법이 아니라는 점은 그 신칸트주의적 근거설정에 비추어 볼 때 자명한 것이다. 설령 공식의 콘텍스트 자체에서 직접 정의와 법적 안정성의 갈등은 마치 신법과 인간의 법 사이의 갈등과 비슷하다는 연상을 불러일으킨다[116]는 근거로 라드브루흐의 '숨겨진 종교성'[117]이 표출되었다 할지라도 —이 점을 강조하려는 사람은 아마도 공식이 갖는 종교적 차원의 의미를 주장할 수도 있을 것이다— 그의 '비신앙인의 신앙'[118]은 학문의 영역을 결코 규정하지 않았다.

마지막으로 자의적으로 처분할 수 없는 법과 단순히 '내용이 변하는' 법에 대한 라드브루흐의 구별방식은 비판을 받지 않을 수 없다. 1947년에 출간된 「법철학입문」(Vorschule der Rechtsphilosophie)에는 선험적 가치에 대한 체계적 서술이 없다. 또한 순수한 정의의 요청(법관의 독립, 변호의 권리)을 제기하고 있음에도 불구하고, 정의개념의 실질화에 관해서는 자세한 근거제시를 전혀

---

115) '내용이 변화하는 자연법'이라는 개념이 자기모순이라는 사실은 *슈타믈러*에서도 너무나도 분명하게 드러나 있다. 그는 "실정적 내용이 선험적으로 형성되는 법규는 결코 존재하지 않는다"[Stammler(주 112), Kap. 32 S. 173]고 하면서도, 뒤에 가서는 "인간을 동물처럼 다루어서는 안 된다는 명령과 같은 '소극적' 금지는 그 정당성을 선험적으로 입증할 수 있다"(앞의 책, 647면 각주 120)고 하는 모순을 범하고 있다.

116) Radbruch, Gesetzliches Unrecht und übergesetzliches Recht, S. 107 l. Sp. u./r.Sp.o.

117) Wolf(주 85), 502면 이하.

118) Baum, Nachspiel: Erfüllung, 1945-1949, in; Radbruch, Der innere Weg (1951), 2. Aufl. 1961, S. 154.

찾아볼 수 없다.[119] 이러한 문제점은 「법철학입문」이 강의안으로서 갖는 개략적 성격에 기인한다고 보거나, '초법률적 법'이라는 개념이 불법국가의 경험 때문에 비로소 시작되었기 때문에 라드브루흐의 이론은 단편적인 부정의 철학(philosophia negativa)에 한정될 수밖에 없었다고 설명할 수도 있을 것이다. 그러나 그가 사망한 이후 생전에는 전혀 기대하지 못했던 중요한 의미를 갖게 된 「법철학입문」은 그 자신의 말에 따르면 '법철학'을 발전시킨 책이다.[120] 더욱이 '내용이 변화하는 자연법'이라는 표현과 인간상과 인권이라는 이론적으로 새로운 요소는 라드브루흐가 의도적으로 초법률적 법에 적극적 의미를 부여하려고 했음을 보여준다.

> 이런 의미에서 판결이 라드브루흐 공식을 원용하여 발전시켰고, 최근의 '국경수비대'에 관한 판결에서도 반복하고 있는 '핵심영역이론'(Kernbereichslehre), 즉 인간의 가치와 존엄은 모든 민족에게 공통된 법적 확신[121]으로서 법이 효력을 갖기 위한 필수조건이라는 이론은 라드브루흐의 의도와 완전히 일치한다.[122]

이러한 목표를 추구함으로써 신칸트주의의 기반을 떠날지도 모른다는 점을 라드브루흐 자신도 감지하고 있었고, 그래서 그는

119) Radbruch, Vorschule der Rechtsphilosophie, § 7 S. 26/27 참고.

120) Radbruch, Vorschule der Rechtsphilosophie, Vorwort zur 1. Aufl., S. 3. 또한 제2판의 편집자의 서문을 참고.

121) BGHSt 2, 234(237 ff.); 2, 173(177); 3, 357(362/363); 39, 1(15/16) = NJW 1993, 141(144/145); LG Berlin JZ 1992, 691 ff.(692/693).

122) Radbruch, Fünf Minuten Rechtsphilosophie, Fünfte Minute S. 328: "어떠한 법제정보다 우선하는 법원칙이 존재한다. 이러한 원칙을 자연법 또는 이성법이라 부른다. 물론 그 구체적인 내용에 대해서는 여러 가지 의문이 있다. 그러나 수 세기에 걸친 노력은 그러한 원칙들의 확고한 핵심을 밝혀냈고, 이른바 인간과 시민의 권리에 대한 선언에 담긴 내용은 그러한 핵심과 거의 일치한다. 이 가운데 대부분은 오로지 의도적으로 회의하려는 사람만이 그 내용에 대해 의문을 품을 수 있을 것이다."

'외관상의 모순'을 인정한다.[123] 사실 신칸트주의의 입장을 유지하면서 처분불가능한 원칙(=절대적 당위)을 인정할지라도 과연 어떻게 초법률적 법과 그 내용을 인식할 수 있는가 하는 물음은 여전히 남아 있다. 결국 라드브루흐의 실천적 상대주의가 특정한 정치철학과 법인식절차의 특정한 구조를 전제하는 한, 그는 신칸트주의의 선험주의(Apriorismus)에 종속되지 않고, 정치적 · 도덕적 의사소통, 대화원칙(Diskursivität), 역사철학적 성찰을 거친 문화법(Kulturrecht)을 자신의 '역사적' 자연법의 기초로 삼는 셈이다.

따라서 라드브루흐 후기 법철학에서 나타나는 이론적 약점, 즉 신칸트주의로는 자신의 이론을 근거지을 수 없었다는 점은 결코 우연이 아니다. 이는 그의 법철학 전반에 걸쳐 있는 모순의 반영이며, 이러한 모순 자체는 신칸트주의의 칸트 해석이 안고 있는 일반적인 문제점이기도 하다. 신칸트주의 법철학은 칸트가 「순수이성비판」에서 확립한 선험적 방법론을 자신의 법론(法論, Rechtslehre)에서는 견지할 수 없었다는 잘못된 전제하에 칸트의 법론이 아니라, 인식론을 이론적 출발점으로 삼았다.[124] 1932년까지의 라드브루흐 법철학에서도 이러한 잘못된 칸트해석에 따른 근본적 모순이 그대로 드러나 있다. 즉 한편에서는 형식적이고 도덕중립적인 정의이론의 형태로 법과 도덕을 칸트와는 전혀 다르게 분리하는 형식주의가 자리잡고 있는 반면, 다른 한편에서는 실천적 상대주의의 형태로 은폐된 규범주의(Kryptonormativismus)가 존재한다. 라드브루흐 법철학의 특성은 자신의 이론적 상대주의를 기초로 "가치는 근거지을 수 없다"는 공리를 가치상대주

123) Radbruch, Vorschule der Rechtsphilosophie, Vorwort zur 1. Aufl. S. 3.

124) 이에 관해서는 Küsters, Kants Rechtsphilosophie, 1988, S. 19 ff; E. Kaufmann, Kritik der neukantischen Rechtsphilosophie, 1921, S. 5 ff., 53 ff., 64 ff., 98 ff. 참고.

의(Wertrelativismus)와 결합시키고, 모든 인식은 근본적으로 불확실하다는 인식론적 테제로부터 실천이성이 불가능하다는 주장과 실천이성이 가능하다는 주장을 동시에 추론해 내는 점에 있다. 이러한 모순은 있을 수 있는 모순이다. 왜냐하면 이론적 상대주의와 실천적 상대주의는 그 자체 서로 모순되는 관계에 있을 뿐만 아니라, 라드브루흐 법철학의 이 두 가지 근본개념 사이에는 결코 필연적 연관성이 존재하지 않기 때문이다. 다시 말해서 방법이원주의로부터 "가치는 근거지을 수 없다"는 테제가 추론되는 것은 아니며, 마찬가지로 이 테제로부터 가치상대주의가 추론되는 것도 아니다. 물론 필연적 연관성이 없다는 사실이 라드브루흐에게는 전혀 결정적 의미를 갖지 않는다. 가치상대주의의 자기모순을 명백히 언급하고 있는 상대주의에 관한 그의 강연[125]이 입증하고 있듯이, 라드브루흐는 이러한 모순을 사고의 오류가 아니라, 창조적 사고방식으로 파악한다.[126] 라드브루흐는 "그 자체 완전히 비과학적이어서 스스로 소멸되고 말 것"이라고 비판받는 '상대주의'를 적극적으로 신봉한다.[127] 이러한 정신적 태도는 인정되어야 한다. 설령 그의 실질적 정의이론을 완벽하게 근거짓더라도 그의 정신적 태도, 즉 상대주의를 대체할 수는 없다. 오히려 라드브루

125) 라드브루흐는 이러한 자기모순을 '논리적 기적'이라고 표현한다(Der Relativismus in der Rechtsphilosophie, S. 87).

126) "모순이 항상 정신적 도구의 오류를 의미하는 것은 아니다. 우리의 세계가 너무나도 복잡하여 아무런 모순도 없이 인간의 사고형식에 접합시킬 수 없을 때에는 오히려 모순 자체가 우리의 사고의 도구가 된다"(Radbruch, Gestalten und Gedanken, 1944, S. 127). 이와 같이 *칸트*의 이원주의적 세계구상과 괴테의 일원주의적 세계구상, 제한된 학문적 인식과 독특한 인간주의적 관심, 회의와 믿음 사이에 존재하는 긴장과 대립이 라드브루흐의 '대립주의'(Antinomismus)의 가장 근원적 동기라 할 수 있다[이에 관해서는 Baratta, Relativismus und Naturrecht im Denken Gustav Radbruch, ARSP 45(1959), S. 508 ff. 참고].

127) Radbruch, Rechtsphilosophie, Vorwort, S. 82. 라드브루흐가 인용하고 있는 이러한 비판은 W. Sauer, Philosophie der Zukunft, 1923, S. 68 ff.에서 연원한다.

흐 정의이론의 일관된 연속성(Kontinuität)을 지탱하는 것 자체가 이러한 근본개념들에 내재하는 긴장이다. 정의개념의 실질화는 명백히 그의 가치상대주의의 전개양상 가운데 하나이다. 따라서 라드브루흐는 1945년 이후에도 실천적 상대주의에 의해 정해진 영역을 결코 벗어나지 않았다. 이 점에서 불연속성테제는 타당성이 없다. 그의 법철학의 실질화가 윤리화와 맞물리게 될수록, 라드브루흐는 자신의 신칸트주의를 '칸트주의로 회복시키는'(kantisieren) 방향으로 나가게 된다. 그렇기 때문에 전체적인 관점에서 볼 때, 라드브루흐 공식은 인식(Erkenntnis)임과 동시에 믿음(Bekenntnis)이다.[128] 라드브루흐가 이 공식을 통해 모든 법에 내재하는, 정의와 법적 안정성 사이의 갈등을 현대의 민주적·법치국가적·사회적 헌법국가에서 실정법의 개념이 안고 있는 문제상황에 적합하게 해결하려고 시도했다는 점에서 라드브루흐 공식은 인식이다. 다른 한편, 라드브루흐가 '참을 수 없음'이라는 표현으로 지키고자 했던 최후의 가치들에 대해 초법률적 법이라는 개념을 통해 (모순이 없다고 할 수 없는) 이론적 토대를 마련했다면, 이 점에서 공식은 믿음에 해당한다.

128) *호르스트 드라이어*의 논문 제목(주 5)을 변형한 표현이다.

제4장 라드브루흐 공식의 실제적 의미

라드브루흐 공식을 재구성하더라도 이 공식이 갖는 실제적 의미를 분석할 때에는 다음과 같은 사정을 고려해야 한다. 즉 라드브루흐 공식이 '참을 수 없음－테제'를 통해 지키고자 하는 특정한 가치에 대한 믿음에 그친다면, 이를 법실무에 적용해야 할 명확한 근거는 존재하지 않는다는 사실이다. 다시 말해서 라드브루흐 공식의 적용여부는 공식이 근거짓고 있는 정당한 법의 내용이 무엇인가에 따라 결정되지는 않는다. 적어도 오늘날의 법실무와 관련시켜 볼 때, 가치를 철학적으로 문제삼는 것은 큰 비중을 차지하지 않는다. 왜냐하면 라드브루흐가 공식을 구체화하기 위해 원용한 근대 이성법의 원칙들은 현대 법치국가의 헌법과 국제조약에 명문으로 규정되어 있고, 따라서 실정법의 한 구성부분이 되었기 때문이다. 더욱이 이성법의 실정화와 함께 공식이 주제로 삼는 정의와 법적 안정성 사이의 갈등도 이미 헌법 내에 확고하게 자리잡고 있다. 즉 양자 사이의 갈등은 기본법 제20조 제3항에서 법과 법률 사이의 긴장, 법치국가원칙에 내재하는 대립과 갈등으로 표출되고 있다.[129)]

또한 공식에서 이루어지고 있는 비교형량은 연방헌법재판소

---

129) v. Mangoldt/Klein, GG, 2. Aufl. 1966, Art. 20 Anm.VI 4 f.; Achterberg, Antinomien verfassungsgestaltender Grundentscheidungen, in: Der Staat 8(1969), S. 164.

의 판결과도 사실상 일치한다. 연방헌법재판소는 지속적인 판결을 통해 법적 안정성과 (실질적) 정의를 법치국가의 근본요소로 파악한다.[130] 연방헌법재판소는 두 원칙의 동등성에서 출발하기 때문에, 라드브루흐 공식과 마찬가지로 두 근본요소 사이에 존재하는 긴장관계를 절대적 우선관계를 통해 해소하지 않는다. 물론 연방헌법재판소의 지속적 판결은 법적 안정성의 원칙적 우위를 인정하는 공식과는 달리, 일반적 우위관계를 부정하고 개별사례에 지향된 갈등해결을 지지한다. 즉 법치국가원칙은 모든 개별사례에 대해 헌법적 지위를 갖는 특정한 행위지침을 포함하고 있는 것이 아니라, 각각의 상황에 따른 구체화를 필요로 하기 때문에,[131] 입법자는 자의금지(恣意禁止, Willkürverbot)원칙을 준수하면서, 정의와 법적 안정성의 두 원칙 가운데 어느 것이 구체적 사례에서 우선권을 갖는지를 결정해야 한다고 한다.[132] 하지만 연방헌법재판소도 법적 안정성의 상대적 우위를 사실상 인정하고 있다. 법적 안정성에 상대적 우위를 두는 입법자의 결정을 합헌으로 평가하는 경우[133]도 있고, 구체적인 갈등상황에서 정의의 실현을 법적 안정성에 대한 '제한' 또는 예외라고 함으로써 연방헌법재판소 스스로 법적 안정성의 상대적 우위를 출발점으로 삼는 경우[134]도 있다.

---

130) BVerfGE 3, 225(237); 7, 89(92); 15, 313(319).

131) BVerfGE 7, 89(92/93).

132) BVerfGE 3, 225(237); 7, 194(196); 15, 313(319).

133) BVerfGE 7, 194(196); 19, 150(166).

134) BVerfGE 3, 225(238); 13, 261(271/272); 25, 269(290/291); 이에 대한 또 다른 논증으로는 Leibholz/Rinck, GG, 4. Aufl. 1971, Art. 20 Rz 28e und 7. Aufl. 1993, Art. 20 Rz 664 ff. 연방헌법재판소의 판결을 이렇게 해석하는 동일한 입장으로는 v. Münch-Schnapp, GG, 3. Aufl. 1985, Art. 20 Rz 26(그러나 연방헌법재판소가 사실상 법적 안정성의 원칙에 우선권을 부여하고 있다는 주장은 1992년의 제4판에서는 더 이상 찾아볼 수 없다)과 AK-GG-Bäumlin/Ridder, 2. Aufl. 1989, Art. 20 Rz 72("헌법재판소가 애호하는, '법적 안정성의 원칙'과 '정의의 원칙' 사이의 '대립'은 1957년에 ―물론 양 '원칙'의 추상적 동등성을 유지하면서― 이미 법적 안정성의 우선으로 결정이 났다. '자연법의 역사성'이라는 사고가

1. 라드브루흐 공식과 불법국가

공식의 콘텍스트에서 직접 나타나 있듯이, 라드브루흐 공식은 무엇보다도 민족사회주의의 법실무를 대상으로 한다. 라드브루흐는 2차 대전 이후의 판결, 특히 형사사법에게 민족사회주의 불법의 효력을 어떻게 평가할 것인가에 관한 지침을 제공하려고 했다(라드브루흐는 「법률적 불법과 초법률적 법」에서, 유대인의 재산을 국유화한 법률이 무효라고 결정한 민사판결을 제외하고는 소련 점령지역의 형사판결들만을 보기로 든다[135]). 따라서 라드브루흐 공식이 과연 다른 국가적 불법, 특히 구 동독의 불법에도 적용될 수 있는가 하는 물음이 제기된다.

a) 공식과 나치시대의 필연적 관련성?

라드브루흐는 자신의 공식이 갖는 불법국가와의 관련성이 민족사회주의라는 역사적으로 일회적인 상황에 한정된다는 점을 여러 번에 걸쳐 표명한 바 있다.[136] 이를 근거로 구 동독의 불법에 대해 라드브루흐 공식을 적용하는 것을 반대하는 입장이 있다. 이 입장에 따르면 공식을 적용하기 위해서는 구 동독의 법적 상황이 나치의 불법과 비교가능해야 하는데, 질적 및 양적 측면에서 양자는 명백히 구별되기 때문에 그러한 비교가 불가능하다고 한다. 그러나 이 입장은 라드브루흐 법철학에서 공식이 갖는 의미

아직 자리잡지 못했던 당시의 단순한 사고방식에서는 '실질적 정의'를 부르짖는 자연법이 훨씬 더 강력한 영향을 미쳤음에도 불구하고 이러한 결정이 내려졌다는 것은 특기할 만한 일이다.") 참고.

135) Radbruch, Gesetzliches Unrecht und übergesetzliches Recht, S. 105 l. Sp.

136) Radbruch, Zur Diskussion über die Verbrechen gegen die Menschlichkeit, SJZ 1947, Sp. 136: "(공식의) 적용은 12년의 나치시대라는 완전히 일회적인 상황에 한정된다."; 또한 Gesetz und Recht, S. 99에도 비슷한 표현이 있다.

와 공식의 내용을 정확히 파악하지 못하고 있다.

라드브루흐 공식을 적용하는 데 나치불법과의 비교가능성이 전제되어야 할 필요가 없다는 점은 공식의 불법국가 관련성이 미래지향적이라는 사실에서도 금방 드러난다. 라드브루흐에 따르면, 공식은 '나치와 같은 불법국가가 다시는 반복'되지 않도록 '있을 수 있는 모든 경우에 대해 법실증주의를 완전히 극복하는 것'을 뜻한다.[137] 따라서 라드브루흐는 공식이 보편적 법원칙으로서 법실무와 연관된다는 사실에서 출발하고 있다. 이 점에서 기존의 문헌들은 공식의 실제적 의미를 제대로 파악하지 못하고 있다.[138] 따라서 공식은 단순히 불법국가와의 관련성에 그치지 않고, 보편적 법원칙으로서 의미를 갖는다는 점을 분명히 해 둘 필요가 있다.[139] 즉 공식이 핵심주제로 삼고 있는 정의와 법적 안정성 사이의 대립은 불법규범을 제정할 때에만 현실적인 문제가 되는 것이 아니라, 전체 법질서를 관통하는 문제이다. 라드브루흐 정의이

---

137) Radbruch, Gesetzliches Unrecht und übergesetzliches Recht, S. 107 r.Sp. 따라서 *쉐네부르크*가 라드브루흐에서 불법국가라는 개념은 아무런 근거도 없다고 주장하는 것은 완전한 착각이다(Schöneburg, Recht im nazifaschistischen und im 'realsozialistischen' deutschen Staat — Diskontinuitäten und Kontinuitäten, NJ 1992, S. 49).

138) 앞의 주 5)에서 인용하고 있는 문헌들을 참고.

139) 라드브루흐 공식에 대한 이러한 해석은 *헤르파르트*(Herrfahrdt)에게서 기본적인 형태로 드러나 있다. 그는 이미 1954년에 '구체적인 법적 문제를 해결'하기 위해 (비록 공식 자체는 아니지만) 라드브루흐의 법이념론을 '법실무와 관련시켜 평가'할 것을 요구하고 있다(Herrfardt, Der Positivismus in der Rechtswissenschaft, in: Studium Generale 1954, S. 90). 또한 *레히엘러*가 법률적 불법의 문제는 정치체제가 변화할 때뿐만 아니라, 법치국가에 내재하는 문제이기도 하다는 점을 강조((Lecheler, Unrecht in Gesetzesform? Gedanken zur "Radbruch'schen Formel", 1994, S. 6, 16 ff., 28)하거나 *호프만*이 '참을 수 없음-테제'를 '절차적 정의'라는 테마와 관련시켜 언급(R. Hoffmann, Verfahrensgerechtigkeit, S. 160 Fn. 153)하는 경우에는 공식이 단순히 불법국가에만 관련되는 것이 아님을 전제하고 있다.

론의 핵심문제를 다루고 있는 공식이 그의 법철학에서 차지하는 이론적 위치에 비추어 보더라도 이는 명백하다. 라드브루흐 정의이론은 그의 법철학의 총괄편이며, 그 때문에 라드브루흐는 실제로 정의이론을 자신의 「법철학 입문」의 핵심문제로 서술하고 있다.[140] 라드브루흐가 실체법과 절차법의 긴장관계와 관련하여, 확정력을 갖는 판결이 절대적 무효가 되는 경우를 부정당한 법률의 효력문제와 유사한 실정법 내재적 문제로 파악하는 방식[141]도 공식이 보편적 법원칙으로서 기능한다는 점을 간접적으로 보여준다.

보편적 법원칙으로서 공식은 이를 적용하는 구조적 측면과 내용적 측면에서 결코 나치시대에 한정되지 않는다. 앞에서 서술했듯이, 라드브루흐 공식의 대상은 도저히 참을 수 없는 개별규범과 개별규범집단이지, 결코 전체 법질서가 아니다.[142] 이처럼 개별규범에 지향된 구조 자체는 공식의 적용범위를 확장시켜 준다. 공식은 단순히 폭력국가의 규범으로부터 그 정당성을 박탈하는 데 그치지 않고, 전체 법체계가 어떠한 성질을 갖든 이 체계 내에서 제정된 법률이 참을 수 없을 정도로 부정당할 때에는 언제나 그 정당성을 박탈한다. 또한 내용의 측면에서도 공식의 적용이 나치불법에만 국한되는 것은 아니다. 라드브루흐가 초법률적 법을 내용이 변화하는 역사적 자연법으로 파악[143]한다면, 정의를 참을 수 없을 정도로 위반하는 규범이 무엇인가를 결정할 때에는 정의에 대한 의식적인 부정이라는 핵심영역 이외에도 원칙적으로

---

140) Radbruch, Vorschule der Rechtsphilosophie, § 10(Rangordnung der Wertideen) S. 32/33, § 11(Begriff des Rechts) S. 34, § 12(Geltung des Rechts) S. 36/37, § 36(rechtsphilosophische Zeitfrage), S. 113 ff. 참고.

141) Radbruch, Rechtsphilosophie, § 25 S. 278/279; ders., Grundzüge der Rechtsphilosophie, S. 175.

142) 앞의 27면 참고.

143) 앞의 39면 이하 참고.

가치표상의 지속적인 변화를 함께 고려해야 한다는 점을 의미한다. 따라서 '라드브루흐가 말하는 정도'의 법률적 불법이 구 동독의 형법에서는 거의 존재하지 않았다는 견해[144]는 '참을 수 없음-테제'가 원칙적으로 나치시대와 무관한 독립된 내용을 갖고 있다는 사실을 오해하고 있다. 라드브루흐 공식을 적용하는 모든 사회는 국가에 부과되어 있는 자의(恣意)의 한계를 구체화하기 위해 항상 새로운 규범적 의사소통(normative Verständigung)을 필요로 한다.[145]

> 연방재판소와 베를린 지방법원은 첫 번째 국경수비대 소송에서 라드브루흐 공식의 적용과 관련하여 동독 국경에서 발생한 사살행위가 나치불법과 비교가능한지를 논의의 초점으로 삼고 있지 않다. 이는 타당한 입장이다. 오히려 두 법원은 공식이 갖는 불법국가와의 관련성을 객관적 목적의 측면에서 해석한다. 연방재판소가 공식으로부터 어떠한 국가도 침범할 수 없는 최후의 한계선을 도출하는 반면, 베를린 지방법원은 공식의 적용이 사살행위의 숫자와는 관계가 없음을 강조하고 있다.[146] 이러한 해석은 이 책에서

---

144) Müller, Gesetzliches Unrecht und übergesetzliches Recht, NJ 1990, S. 234.

145) 비슷한 입장에 있는 Limbach, Strafrechtliche Verantwortlichkeit für die Ausübung politischer Strafjustiz in der ehemaligen DDR, in: Lampe (Hrsg.), Deutsche Wiedervereinigung, Bd. Ⅱ: Die Verfolgung von Regierungskriminalität der DDR nach der Wiedervereinigung, 1993, S. 99 ff.(102) 참고. 또한 결과적으로 같은 입장에 있는 Alexy, Mauerschützen(주 83), 23면 참고.

146) BGHSt 39, 1(16) = NJW 1993, 141(144/145); LG Berlin JZ 1992, 691(693); 그러나 베를린 지방법원은 두 번째 국경수비대 사건[NStZ 1992, 492(493)]에서 구 동독의 국경법의 효력문제와 관련하여 다른 견해를 표명한다(물론 라드브루흐 공식을 직접 원용하고 있지는 않다). 마찬가지로 베를린 지역 형사법원의 결정[NJW 1991, 2653(2654)]도 명확한 입장을 파악하기 어렵다. 이에 대해 학설은 견해가 나누어져 있다. 동독 국경법을 정당화사유로 볼 수 없다는 입장으로는 Alexy, Mauerschützen. Zum Verhältnis Recht, Moral und Strafbarkeit, S. 22 ff.; Frommel, Die

내가 법이념의 맥락에서 주제로 삼는 공식의 의미에 부합한다.

b) 공식과 죄형법정주의 원칙

공식이 미래지향적이고 또한 나치불법과 필연적 관련성이 없다고 할지라도, 공식의 적용이 역사적으로 일회적인 상황에 국한되어 있다는 라드브루흐의 말이 아무런 의미도 갖지 않는 것은 아니다. '참을 수 없음-테제'에 따른 타락한 불법(lex corrupta)의 확정이 엄밀한 한계 내에서 이루어져야 한다는 사실은 공식을 형법의 영역에 적용할 때 나타나는 결과를 생각해 보면 잘 알 수 있다. 물론 라드브루흐 공식을 민법이나 행정법의 특정한 사례에 적용할 때 더욱 만족스러운 해결을 얻을 수도 있을 것이다.[147] 하지만 가장 강력한 제재를 수반하는 형법의 영역에서는 공식의 적용이 특히 엄밀한 근거설정에 따라 이루어져야 한다는 사실은

Mauerschützenprozeß — eine unerwartete Aktualität der Radbruch'schen Formel, in: Strafgerechtigkeit, FS für Arthur Kaufmann, 1993, S.87ff.; Schroeder, Die Rechtswidrigkeit der Flüchtlingserschießungen zwischen Transzendenz und Immanenz, JR 1993, S. 46 ff.; Maiwald, Rechtsbeugung im SED-Staat, NJW 1993, S. 1888; Herzog, Zur strafrechtlichen Verantwortlichkeit von Todesschützen an der innerdeutschen Grenze, NJ 1993, S. 1 ff.; Hiltwein/Oldigs/Schey, in: Herzog (Hrsg.), Die strafrechtliche Verantwortlichkeit von Todesschützen an der innerdeutschen Grenze, 1993, S. 35 ff.(47). 동독 국경법을 정당화사유로 인정하지 않는 것에 반대하는 입장으로는 Grünwald, Die strafrechtliche Bewertung in der DDR begangener Handlungen, StV 1991, S. 36 f.; Lüderssen, Kontinuität und Grenzen des Gesetzlichkeitsprinzips bei grundsätzlichem Wandel der politischen Verhältnisse, ZStW 104(1992), S. 740 f.; ders., Der Staat geht unter — das Unrecht bleibt?, 1992, S. 33; R. Dreier, Gesetzliches Unrecht im SED-Staat? Am Beispiel des DDR-Grenzgesetzes, in: FS für Arthur Kaufmann, S. 66; ders., Rechtsphilosophische Aspekte juristischer Vergangenheitsbewältigung, in: Zeitschrift für Gesetzgebung 1993, S. 309 ff.

147) 민법과 관련하여 이러한 결론에 도달하고 있는 Ott, Die Radbruch'sche Formel, S. 348.

명백하다. 예컨대 라드브루흐 공식에 내재하는, 불법에 대한 탈정당화기능(Entlegitimierungsfunktion)은 행위시의 규범에 따른 정당화사유를 인정하지 않는 결과를 초래한다. 이러한 결과는 당연히 라드브루흐 공식이 법치국가 형법의 이념적 핵심을 이루는 죄형법정주의 원칙에 대한 위반이 아닌가 하는 의문을 낳는다.

죄형법정주의는 초실정적 원칙이자, 기본법 제103조 제2항과 독일형법 제1조에 규정된 실정법상의 원칙이다. 죄형법정주의 원칙에 따르면 하나의 행위는, 행위시에 이미 그 가벌성이 법률에 의해 규정되어 있을 때에만 처벌될 수 있다. 형법학은 이 원칙으로부터 네 가지 부분원칙을 도출한다: a) 가벌성의 근거가 법률에 명문으로 규정될 것(성문형법주의, lex scripta), b) 법률규정의 명확성(명확성원칙, lex certa), c) 법률의 엄격한 해석(유추금지, lex stricta), d) 소급처벌의 금지(법률의 사전성, lex praevia).[148] 라드브루흐 공식이 죄형법정주의 원칙과 합치하는지를 검토해 보면, 첫 인상과는 달리 공식이 소급처벌금지(Rückwirkungsverbot)에 위배되지 않는다는 사실을 확인할 수 있다. 그 근거는 라드브루흐 자신의 서술에서 이미 밝혀져 있다. 라드브루흐는, 소급처벌의 문제에 대한 그의 다른 모든 논거들이 그렇듯이, 단순히 민족사회주의 범죄행위를 처벌하기 위한 형사법률의 소급효문제에 국한시켜 근거를 제시한 것은 아니다. 라드브루흐에 따르면 공식이 갖는 탈정당화기능은 결코 소급처벌을 의미하지 않는다. 왜냐하면 초법률적 법은 비록 비실정적인 형태이지만, 행위시에도 이미 효력을 갖고 있었기 때문이다. 따라서 초법률적 법과 합치하지 않는 정당화규범은 행위시에 이미 효력이 없으며, 문제가 되는 행위들은 행위시에 이미 범죄행위였다는 결론이 나온다.[149] 그러므로 실정

148) Roxin, Strafrecht Allgemeiner Teil, Band 1, 2.Aufl. 1994, § 5 Rz 7 ff.; Schönke/Schröder-Eser, StGB, 24. Aufl. 1991, § 1 Rz 6 ff. 참고.

법규범을 초실정적 규범에 근거하여 파기하는 것은 단지 외관상으로만 사후적인 형벌설정(Strafbegründung)일 뿐이다. 라드브루흐 공식은 모든 국가에 의해 준수되어야 할, 불법에 대한 최후의 한계선으로서 소급적 형벌설정이 아니라, 단지 사후적으로 무엇이 법인가를 선포하는 것이다.[150]

이러한 논증은 법의 실정성과 정당성을 서로 밀접하게 관련시키는 라드브루흐 자신의 테제에 모순된다고 볼 수도 있을 것이다. 라드브루흐는 실정성을 정당한 법의 개념에 속한다고 보기 때문에,[151] 초법률적 법은 실정성이라는 본질적 전제조건을 충족시키지 못하고, 따라서 라드브루흐 공식은 불법국가에 대해서는 전혀 적용될 수 없다고 반론을 제기할 수도 있다.[152] 그러나 정당성을 실정법의 과제로 설명하는 라드브루흐의 입장[153]과 실정법을 정당한 법에 대한 시도로 파악하는 슈타믈러(Stammler)의 실정법 개념[154]을 바탕으로 라드브루흐의 테제를 역동적으로 해석하면, 외관상의 모순은 해소된다. 즉 실정법은 정당해야 하고(sein soll), 정당한 법은 실정성을 가져야 한다(sein soll)면, 초법률적 법은 당연히 정당

149) Radbruch, Zur Diskussion über die Verbrechen gegen die Menschlichkeit, Sp. 135; ders., Vorschule der Rechtsphilosophie, § 36 S. 113/114.

150) Radbruch, Gesetz und Recht, S. 96: 초법률적 법은 '이미 과거에도 법이었던 것을 현재에 서술하는 것'에 불과하다. 이와 같은 입장에 있는 Alexy, Mauerschützen, S. 33; Laage, Die Auseinandersetzung um den Begriff des gesetzlichen Unrechts nach 1945, KJ 1989, S. 427/428; K. Günther, StV 1993, S. 21 참고.

151) 앞의 주 38) 참고.

152) 이런 의미에서 *엥기쉬*는, 왜 법치국가적 법이 단지 불법국가에서는 실정성을 갖지 못했다는 이유만으로 정당성이 더 적어야 하는지를 이해할 수 없다고 한다(Engisch, Auf der Suche nach der Gerechtigkeit, 1971, S. 193). 이러한 반론은 라드브루흐가 실정성에 부여한 의미를 제대로 파악하지 못한 데 기인한다.

153) 앞의 주 38) 참고.

154) 앞의 주 24) 참고.

한 법이며, 따라서 불법국가에서도 효력을 갖는다.

물론 초실정적 법원칙으로서 공식은 성문형법주의(lex scripta-Gebot)와 갈등관계에 놓인다. 라드브루흐는 이 점을 결코 숨기려 하지 않는다. 갈등을 해소할 수 있는 간단한 방법은 있다. 즉 성문형법주의의 적용범위를 법률의 범죄구성요건을 통한 형벌설정에만 국한시키고, 정당화규범을 폐기하는 경우에는 그 적용을 배제하는 방법이다. 그러나 라드브루흐는 이 방법을 명백히 거부한다. 왜냐하면 정당화사유는 소극적 구성요건표지(negative Tatbestandsmerkmale)로서 죄형법정주의 원칙과 관련하여 적극적 구성요건표지와 똑같이 취급되어야 하기 때문이다.[155] 정당화규범을 인정하지 않는다는 것은 형벌구성요건을 확장하는 경우와 마찬가지로 피고인에 불리하게 가벌성의 범위를 확장한다.[156] 라드브루흐에게는 더 원칙적인 문제가 대상이었다. 공식이 과연 성문형법주의와 합치하는가 하는 물음에 답하기 위해서는 죄형법정주의를 어떻게 해석하는가가 관건이다. 이 원칙을 완전히 실증주의적으로 해석한다면, 공식은 개념정의상 이미 성문형법주의에 위반되며, 따라서 형법의 영역에서는 결코 적용될 수 없을 것이다. 적어도 일상적인 법실무에 속하는 상황에 해당하는 사안들에서는 이러한 실증주의적 견해가 무조건 타당하다. 그러나 죄형법정주의 원칙은 하나의 초실정적 원칙이기도 하다는 점을 고려할 필요가 있다. 법치국가에서는 이러

---

155) Radbruch, Zur Diskussion über die Verbrechen gegen die Menschlichkeit, Sp. 134.

156) Kuhlen/Gramminger, Der Mauerschütze und der Denunziant — Ein Bericht über eine strafrechtliche Hausarbeit, JuS 1993, S. 37. 연방재판소도 정당화사유가 원칙적으로 죄형법정주의원칙에 포함된다는 사실을 인정하고 있다[BGHSt 39, 1(27 ff.) = NJW 1993, 141(147 ff.)]. 이와 반대로 정당화사유를 죄형법정주의의 적용범위에서 배재할 것을 주장하는 Schroeder, Zur Strafbarkeit von Tötungen in staatlichem Auftrag, JZ 1992, S. 991 ff. 참고.

한 초실정적 원칙의 실현이 실증주의를 통해 보장된다. 문제는 정상적인 법치국가적 상황이 아닌 경우이다. 즉 정치적 상황의 급박한 변화가 이루어질 때 죄형법정주의를 어떻게 해석해야 하는지가 문제의 초점이다. 바로 이 점에서 죄형법정주의 원칙에 대한 엄격한 실증주의의 해석에 문제가 있다는 의문이 생긴다.157) 한 법치국가가 붕괴 이전의 전체주의 국가가 자행한 불법에 직면하는 예외상황에서도 엄격한 법실증주의를 견지한다면, 폭력과 자의에 대한 대항수단으로서 법치국가적 근본원칙인 죄형법정주의 원칙이 오히려 폭력국가와 그 범죄를 옹호하는 방패로 전락하는 모순이 발생한다.158) 실증주의가 갖는 이러한 모순은 소급효문제에 관한 라드브루흐의 사고의 출발점이었고 또한 공식의 불법국가 관련성의 쟁점이었다. 그의 의문은 다음과 같은 것이었다. 만일 혁명적인 정치적 격변이 발생한 후, 과거에는 불법국가의 범죄자였지만 지금은 법치국가의 시민이 되었다는 이유로 엄격한 실증주의에 근거해서 그들을 처벌하지 않는다면, 결국 법치국가이념은 좌절되는 것이 아닌가?159)

잘 알려져 있듯이 라드브루흐는 이 물음에 대해 '그렇다'라

157) 이러한 엄격한 실증주의의 입장에 서면 구 동독의 불법과 관련하여 모든 형사소추를 포기해야 한다는 결론에 도달한다. 예컨대 Jakobs, Vergangenheitsbewältigung durch Strafrecht?, in: Isensee(Hrsg.), Vergangenheitsbewältigung durch Recht, 1992, S. 37 ff.(43 ff., 53, 64); ders., Untaten des Staates, GA 141(1994), S. 1 ff. 참고.

158) Werle, Der Holocaust als Gegenstand der bundesdeutschen Strafjustiz, NJW 1992, S. 2535; Frommel, FS für Arthur Kaufmann, S. 91; Laage, KJ 1989, S. 428/429. 또한 Radbruch, Zur Diskussion über die Verbrechen gegen die Menschlichkeit, Sp. 136; ders., Erwiderung, in: Radbruch Gesamtausgabe Bd.Ⅲ, S. 105 참고.

159) 이에 관해서는 실질적 법치국가개념에 기초한 Naucke, Über die Zerbrechlichkeit des rechtsstaatlichen Strafrechts, KritV 1990, S. 244 ff.(256/257) 참고. 또한 같은 관점에 서 있는 Rüthers, Das Ungerechte an der Gerechtigkeit, 2. Aufl. 1993, S. 141 ff. 참고.

고 대답하고, 자신은 이러한 결론을 법적으로 근거짓기 위해 노력한다고 말한다.[160] 라드브루흐는 죄형법정주의 원칙을 외부에서, 즉 정치적 또는 도덕적 고려에 따라 제한하는 것에 만족하지 않는다. 그는 이 원칙의 내재적 상대화, 즉 법의 이념과 법률구속의 원칙 자체로부터 원칙의 한계를 밝히고자 했다. 이와 관련해서는 세 가지 논거를 구별할 수 있다. 라드브루흐가 직접 소급효의 관점에서 테마로 삼고 있지는 않지만 불법국가와의 관련성 때문에 중요한 의미를 갖는 첫 번째 논거는 공식 자체가 제공하고 있다. 즉 특정한 범죄는, 이를 처벌하지 않는 것이 정의에 대한 참을 수 없는 위반이 되기 때문에, 법적 안정성을 보장하는 죄형법정주의 원칙이 배제되어야 할 정도로 비정상적인 경우가 존재한다. 만일 그렇지 않다면 공식은 형법적으로 공허한 것이 될 것이다. 라드브루흐는, 공식의 콘텍스트에서 직접 드러나 있듯이, 공식의 형법적 의미를 명백히 하고 있다.[161] 이와 같이 정의를 지향하고, 따라서 추상적인 경향을 갖는 첫 번째 논거와는 달리, 다른 두 논거는 "법률 없으면 형벌 없다"(nulla poena sine lege)는 원칙에 대한 특수한 해석에 기초하고 있다. 두 번째 논거는 죄형법정주의 원칙의 적용범위를 상대화한다. 라드브루흐에 따르면 죄형법정주의 원칙은 오로지 형법제정(Strafrechtskodifikation)의 영역에만 적용될 뿐, 형법이 법관법(Richterrecht)을 통해 새롭게 형성되는 체제변혁기에는 적용되지 않는다.[162] 이러한 논거는 다음과

160) Radbruch, Erwiderung, in: Radbruch Gesamtausgabe Bd.Ⅲ, S. 105.

161) 이에 반해 초법률적 법이 처벌기능을 갖는 것에 반대하는 입장으로는 Coing, Zur Frage der strafrechtlichen Haftung der Richter für die Anwendung naturrechtswidriger Gesetze, SJZ 1947, Sp. 63 ff.; Grünwald, Bedeutung und Begründung des Satzes "nulla poena sine lege", ZStW 76(1964), S. 5 참고.

162) Radbruch, Vorschule der Rechtsphilosophie, § 35 S. 112. 또한 *야콥스*(Jakobs, Strafrecht Allgemeiner Teil, 2. Aufl. 1991, S. 69 Fn. 23)도 죄형법정주의 원칙은 지속적으로 유지되는 질서 내에서만 적용된다는 점

같은 일반적인 법이론의 문제를 대상으로 한다. 즉 소급효금지원칙은 판례변경의 경우에까지 예외없이 적용되기 때문에, 형법의 영역에서는 모든 법창조적 해석, 다시 말해서 법관법을 통해 법을 구체적 현실에 적응시키는 것 자체가 불가능한 것인가?[163] 라드브루흐는 정치적 격변기의 판결을 영미의 판례법(case law)의 상황에 비교한다. 즉 소급효가 판례법의 본질에 속하듯이, 실정법체계에서도 새로운 판례가 형성되어야 할 사례가 존재하게 되면, 이 사례는 결국 행위시에 아직 인식되지 않은 법의 영역에 속한다는 것이다.[164] 따라서 법관법의 영역에 속하는 모든 새로운 법은 필연적으로 소급적이다.[165] 죄형법정주의 원칙의 내재적 한계에 대한 라드브루흐의 세 번째 논거는 죄형법정주의를 책임원칙(Schuldprinzip)의 관점에서 해석한다. 죄형법정주의 이념의 창시자로 알려져 있는 *포이어바흐*(Feuerbach)는 심리강제설(Theorie der psychologischen Zwang)이라는 형법이론으로부터 죄형법정주의를 도출한다. 심리강제설에 따르면 행위의 가벌성이 법률적으로 인식가능할 때에만 처벌할 수 있다고 한다.[166] 이와는 달리 죄형법정주의는 행위자가 행위 이전에 자신의 행위의 가벌성을 의식할 수 있기 위한 최소한의 필요조건이라는 사실에 그 목적이 있다고 한다.[167] 따라서 죄형법정주의를 판단하는 기준은 행위 이전에 그

을 인정하고 있다.

163) 이 문제에 관해서는 AK-StGB-Hassemer, 1990, § 1 Rz 50 ff. 라드브루흐의 논거가, 정상적인 법치국가적 상황에서는 소급효금지를 피고인에게 불리한 형사판례의 변경에까지 확장시키는 것에 모순되지 않는다는 점은 U. Neumann, Rückwirkungsverbot bei belastenden Rechtsprechungsänderungen der Strafgerichte?, ZStW 103(1991), S. 342/343에도 밝혀져 있다.

164) Radbruch, Zur Diskussion über die Verbrechen gegen die Menschlichkeit, Sp. 134.

165) 앞의 논문, 같은 곳.

166) v. Feuerbach, Lehrbuch des gemeinen in Deutschland geltenden Peinlichen Rechts, 1801(Nachdruck 1985), §§ 12 ff.(§ 24). 이에 관해서는 Grünwald(주 161), 10면 참고.

행위가 금지되어 있다는 사실이지, 형법 자체가 아니다.[168] 그렇기 때문에 라드브루흐는, 법률적 불법과 관련하여 독일민족은 국가가 합법적 장치를 마련하고 있었음에도 불구하고, 나치범죄가 자행되는 그 시기에 이미 그러한 행위의 가벌성을 의식하고 있었다고 생각한다. 그렇지 않았다고 주장한다면, 그것은 '독일민족에 대한 모독'이라고 라드브루흐는 말한다.[169] 즉 나치범죄의 가벌성에 대한 의식은 '초법률적 법의 이념이 심리적으로 실현된 것'[170]을 의미하며, 따라서 공식은 죄형법정주의에 위배되지 않는다는 것이 라드브루흐의 결론이다.

> 성문형법주의를 책임원칙으로부터 해석하는 라드브루흐의 입장은, 국경수비대 사건에 관한 판결에서 법률적 불법을 객관적으로 전제하면 왜 거의 필연적으로 금지착오(Verbotsirrtum)를 회피할 가능성이 있었다는 결론에 도달하게 되는지를 설명해 준다. 즉 평균인의 양심을 가졌다면, 명명백백한 불법을 파악하지 못하는 경우란 있을 수 없다.[171] 라드브루흐 자신은 나치 불법국가와 관련하여 초법률적 법과 양심 사이의 연관성을 인정하지 않았다. 특히 그의 견해는 불법국가에서의 불법의식의 문제에 대해 일관성이 없다.[172] 앞에서 보았듯이 죄형법정주의 원칙에 대한 라드브루흐의

---

167) Radbruch, Erwiderung, S. 105.

168) Grünwald(주 161), 11면 이하.

169) Radbruch, Erwiderung, S. 105; ders., Zur Diskussion über die Verbrechen gegen die Menschlichkeit, Sp. 136.

170) Radbruch, Erwiderung, S. 105.

171) 이에 관해서는 BGHSt 39, 1(32 ff.) = NJW 1993, 141(149); LG Berlin JZ 1992, 691(649 ff.) 참고. 이에 반대하는 입장으로는 예컨대 Alexy, Mauerschützen, S. 24 f., 36 ff. 참고. *알렉시*는 극단적 불법과 명백한 불법 사이에는 단지 원칙적 관련성만이 존재할 뿐, 결코 필연적 연관성이 존재하지 않으며, 따라서 평범한 국경수비대원은 면책되어야 한다고 주장한다. 또한 *프롬멜*[Frommel(주 83), 92면]도 단순한 국경수비대와 영향력을 행사한 상급 행위자를 구별할 여지가 충분히 있다고 보고, 이 점을 양형에 제대로 반영해야 한다고 주장한다.

설명은 명백히 집단적 불법의식에 근접하는 내용을 갖고 있다. 또한 라드브루흐는 앞에서 언급·비판했던 이른바 무기력테제[173]를 원용하여, 개별사례나 특정한 집단(예컨대 자의적인 사형판결을 선고한 법관의 책임)에 대해 책임귀속을 배제하거나, 책임귀속을 제한(예컨대 법관의 독립이라는 이념에 반하여 고의로 법을 왜곡했을 때에만 법관의 처벌이 가능하다는 입장)하려고 하지만,[174] 이 또한 그 자신의 논리에 합치된다고 볼 수는 없다.

실증주의적 입장은 라드브루흐의 논증이 죄형법정주의 원칙의 침해를 은폐하는 전략이라고 비판한다.[175] 그러나 그의 논증은 결코 무엇인가를 은폐하는 논증이 아니다. 물론 라드브루흐는 법치국가의 이념과 죄형법정주의 원칙에 합치하는 체계내재적(systemimmanent) 관점에서 혁명적 격변기에 공식을 적용하는 것을 정당화하고 있다. 그럼에도 그는 죄형법정주의 원칙의 적용범위를 상대화할 것을 분명하게 주장하며, 따라서 자신의 견해가 다른 나라의 법체계의 규범성까지도 판단할 수 있는 체계외재적(systemextern) 작용을 갖고 있다는 사실에 전혀 의문을 갖지 않았다. 따라서 공식을 형법적으로 적용한다면, 도저히 참을 수 없는 일정한 행위들은 실정법적으로 가벌성과 소추가능성이 있는가를 불문하고 보편적 범죄(universelle Verbrechen)로서 처벌해야 한다는 결론에 도달하게 된다. 라드브루흐 공식은 모든 권력자와 그 하수인들에게, 극단적인 불법의 한계를 넘는 행위는 불법국가 내에

172) Bauer(주 85), 305면 이하.

173) 앞의 6면 이하 참고.

174) Radbruch, Zur Diskussion über die Verbrechen gegen die Menschlichkeit, Sp. 136; ders., Gesetzliches Unrecht und übergesetzliches Recht, S. 108 l. Sp. 이에 관한 더 자세한 설명은 아래의 64면 이하 참고.

175) *하트*(Hart)의 이러한 비판에 결과적으로 동조하는 Alexy, Begriff und Geltung des Rechts, S. 101 ff. (106) 참고. 다른 견해로는 Ott, Der Rechtspositivismus, S. 202 ff. (206) 참고.

서도 형법적으로 극히 위험한 것이라는 사실을 상징적으로 표현하고 있다. 참을 수 없는 부정의의 영역에 대해서는 보호할 가치가 있는 신뢰란 존재하지 않는다.[176)]

공식의 체계외재적 및 체계초월적(systemtranszendent) 작용[177)]에 따른 가벌성의 확장이 문제점을 안고 있다는 점은 분명하다. 공식을 지나치게 확대적용하면 법적 안정성을 위태롭게 한다는 점은 라드브루흐 자신이 여러 번에 걸쳐 주의를 환기시키고 있다.[178)] 라드브루흐가 공식을 극히 제한적인 예외상황에 국한시켜야 할 필요성을 느낀 것은, 그가 공식의 형법적 적용이 어떠한 법적 성격을 갖고 있고 또한 어떠한 결과를 야기할 수 있는지에 대해 아주 명백하게 인식하고 있었기 때문이다. '참을 수 없음'이라는 단어선택 자체가 이미 죄형법정주의 원칙의 상대화가 빚게 될 법치국가의 파탄상황을 잘 알고 있었음을 표현하고 있다. '참을 수 없음'은 결코 고유한 의미의 법개념이 아니다. '참을 수 없음'은 비교를 가능하게 하는 개념범주로서 극단적인 상황, 일상을 뛰어넘는 예외적인 상황을 지시하고 있다. 물론 나치불법은 공식

176) 바로 이 점에서 *알렉시*는 라드브루흐 공식이 실증주의에 비해 행위자들에게 위험을 감수하지 않도록, 강력히 경고하는 작용을 한다고 본다(Alexy, Begriff und Geltung des Rechts, S. 88-90). 또한 이에 반대하는 Jakobs, Untaten des Staates — Unrecht im Staat, S. 18.

177) 이런 의미에서 유럽인권협약(EMRK) 제7조 제2항과 시민적 및 정치적 권리에 관한 국제조약(IPBPR) 제15조 제2항도 체계초월적 작용을 한다. 이에 따르면, 행위시에 '문명화된 국민들에 의해 보편적으로 승인된 법원칙' 또는 '국제사회에서 승인된 보편적 법원칙'에 따라 가벌적인 행위에 책임이 있는 자에 대해 죄형법정주의를 근거로 처벌을 배제해서는 안 된다. 이와 관련해서는 Triffterer, Was kann das Völkerstrafrecht zur Bewältigung der Regierungskkriminalität in der DDR beitragen?, in: Lampe(주 145), 131면 이하, 145면 이하 참고.

178) Radbruch, Gesetzliches Unrecht und übergesetzliches Recht, S. 107 r.Sp; ders., Die Erneuerung des Rechts, in: Radbruch Gesamtausgabe Bd.Ⅲ, S. 108; ders., Zur Diskussion über die Verbrechen gegen die Menschlichkeit, Sp. 136.

에 대해 엄밀한 의미의 비교기준이 아니다. 그렇긴 하지만 나치가 자행한 정도의 불법은 공식의 형법적 적용에 대해 일정한 지향점을 제시하는 기능을 갖고 있다. 즉 나치가 자행한 것보다 훨씬 낮은 정도의 불법이어서 기본적 인권에 대한 노골적인 침해로 볼 수 없는 경우에 대해서는 공식은 적용될 수 없다. 라드브루흐 본인의 말을 빌면, 공식과 불법국가의 관련성은 '법감정을 격분시키는 극도의 범죄적 법률'에 국한되고, "법률과 정의 사이의 모순이 그러한 정도에 못 미친다면 법적 안정성을 위해 이를 감수해야 한다."[179]

죄형법정주의 원칙의 적용범위에 관한 라드브루흐의 논거는 예나 지금이나 상당한 영향을 미치고 있다. 2차대전 직후의 이른바 자연법판결에 직접 원용되었을 뿐만 아니라,[180] 현재에도 전체주의 국가불법의 법적 청산을 둘러싼 논의 전반[181]과 첫 번째 국경수비대 판결[182]에 이르기까지 영향을 미치고 있다. 그러나 라드브루흐 공식을 원용하는 방식이 항상 라드브루흐의 입장이 갖는 체계초월적 명확성과 일치하지는 않는다. 이 점은 국경수비대 사건에 대한 베를린 지방법원의 첫 판결과 이에 대한 연방재판소의 상급심판결의 차이에서도 잘 나타나 있다. 베를린 지방법원의 판결은 구 동독의 불법에 대해 일관되게 초월적인 입장을 견지하고 있다. 베를린 지방법원은 라드브루흐 공식과 동일한 방법에 기초하여 동독의 국경법을 정당화사유로 인정할 수 없다는 관점에서 초법률적 법을

179) Radbruch, Die Erneuerung des Rechts, S. 108/109.

180) Laage, KJ 1989, S. 427 Fn. 150의 설명 참고.

181) 구 동독과 관련하여 Alexy, Mauerschützen, S. 30ff.; Lüderssen, Kontinuität und Grenzen des Gesetzlichkeitsprinzips bei grundsätzlichen Wandel der politischen Verhältnisse, S. 756 ff.; ders., Der Staat geht unter — das Unrecht bleibt?, S. 67 ff., 115 ff. 참고. 라드브루흐 공식과 불법국가의 관계에 관한 전반적인 내용은 Ott, Radbruch'sche Formel, S. 353 ff. 참고.

182) LG Berlin JZ 1992, 691(694).

원용하고, 이를 정의원칙에 따라 죄형법정주의 원칙의 적용범위를 명백히 제한하는 입장으로 결합시키고 있다.[183] 그러나 연방재판소의 입장은 이와 다르다. 물론 연방재판소도 라드브루흐의 '참을 수 없음-테제'를 끌어들이고 있지만, 동독 국경법 제27조와 동독 형법 제213조에 적용시킬 것인가의 문제에 대해서는 명확한 입장을 취하고 있지 않다. 연방재판소는 공식으로부터 모든 국가가 준수해야 할 최후의 불법의 한계선에 대한 인식을 도출하고 있지만, 공식의 원용은 이 단계에서 그치고, 1966년의 시민적 및 정치적 권리에 관한 국제협약(IPBPR)에 규정된 내용의 인권을 구체적인 심사기준으로 삼는다. 그리하여 비록 동독 인민회의가 이 조약에 대한 비준을 하지 않았기 때문에 동독에 대해서는 그 구속력이 없음에도 불구하고, 이를 기준으로 구 동독의 국경법을 무효로 선고했다.[184] 이러한 불명확성은 죄형법정주의에 관한 논증에서도 계속된다. 물론 연방재판소도 국경수비대에 대한 처벌이 죄형법정주의에 대한 위배가 아니라는 사실을 인정한다. 그러나 죄형법정주의 원칙이 문제의 예외적 사례에서는 적용되지 않기 때문이 아니라, 구 동독의 법 자체가 인권침해를 허용하지 않는 방향으로 해석할 것을 명하고 있기 때문이라고 근거를 제시하고 있다.[185] 이처럼 학계에서 상당한 비중을 차지하는 실증주의의 입장 및 라드브루흐 공식을 구 동독의 불법에 적용하는 것에 대한 어떤 거부감[186]을 고려하여 연방재판소는 구 동독의 법체계를 그 내재적 관점에서 파악하는 방식과 이를 외재적 관점에서 파악하는 방식을 결합시키는 논증을 하고 있다.[187] 그러나 이러한 연방재판소의 논증은 문

183) LG Berlin JZ 1992, S. 693/694.

184) BGHSt 39, 1(16 ff.) = NJW 1993, 141(144 ff.)

185) BGHSt 39, 1(23 ff.).

186) 비판적 입장에 있는 법학이 초법률적 법을 원용하는 것을 꺼린다는 점을 지적하고 있는 Wullweber, Die Mauerschützen-Urteil, KJ 1993, S. 62 참고.

187) 연방재판소의 판결에 나타나 있는 이러한 결합방식에 관해서는 Schroeder, Die Rechtswidrigkeit der Flüchtlingserschießungen zwischen Transzendenz und Immanenz, S. 47 ff. 참고.

제가 있다. 라드브루흐 공식의 적용이 극히 제한적인 예외상황에 적용된다는 것은 곧 공식이 명백히 체계초월적 성격을 갖는다는 것을 의미한다. 따라서 외재적 관점과 내재적 관점, 즉 동독 국경법에 대한 인권친화적 해석과 인권적대적 해석을 뒤섞어버리면, 공식의 제한적 성격이 당연히 퇴색하고 만다. 물론 구 동독의 법규범 자체와 그 구체적 법현실의 괴리에 기초한 연방재판소의 해석 자체가 결국은 구 동독의 법에 대해 외재적 관점을 이식하는 것이라는 주장이 있을 수 있다.[188] 하지만 다른 법질서에 대한 모든 판단은 결국 외재적 이해라는 해석학적 관점은 일단 배제하자. 어쨌든 연방재판소처럼 과거의 법질서에 대한 초월적 심사기준과 내재적 심사기준을 결합시킨다면, 결국 구 동독의 '통치행위'(Regierungstätigkeit) 가운데 상당 부분이 '통치범죄'(Regierungskriminalität)에 해당할 것이며, 이는 법적 안정성의 희생하에 형법을 통한 과거청산에 강력한 동력을 제공하는 결과를 낳게 될 것이다.[189]

c) 공식과 법왜곡

라드브루흐 공식이 형법을 통한 불법국가 청산에서 중요한 의미를 갖는다는 점은 지금까지의 서술을 통해 명백해졌다.[190]

---

188) 이에 관해서는 Lüderssen, Der Staat geht unter — das Unrecht bleibt?, S. 52 ff. 실제로 어떠한 방법도 라드브루흐 공식의 초월적 성격을 극복할 수 없다는 사실은 최근의 연방재판소 판결(BGH NJW 1994, 2708 ff.)이 너무나도 명백히 보여주고 있다. 이 판결은 시민적 및 정치적 권리에 관한 국제조약이 조인되기 이전에 행해진, 국경수비대의 사살행위의 가벌성을 대상으로 했다. 연방재판소는 그 구속력이 불확실한 '인권에 대한 일반선언'(Allgemeine Erklärung der Menschenrechte)을 끌어들여, 사회주의적 인권이론 및 그 현실에 대립된 '본질적' 인권이해를 대비시키고 있다. 이러한 논증은 명백히 초월적 논증방식이다.

189) 같은 입장에 서 있는 Herrmann, Menschenrechtsfeindliche und menschenrechtsfreundliche Auslegung von § 27 des Grenzgesetzes der DDR, NStZ 1993, S. 120 참고.

190) 여기서 공식이 주로 불법국가 청산과 관련하여 의미를 갖는 모든 문제영역을 서술할 수는 없다.라드브루흐 공식이 판례에 수용된 역사에 관

이 문제영역에서 특별한 관심을 끄는 것은 공식이 등장한 논문 「법률적 불법과 초법률적 법」이 지속적으로 영향을 미쳤고,[191] 또한 구 동독의 불법청산과 관련하여 '국경수비대'소송과 밀접한 관계에 있는 법왜곡(Rechtsbeugung)의 문제이다.

법왜곡의 문제와 관련된 공식의 의미를 정확히 파악하기 위해서는, '참을 수 없음-테제' 및 '부정테제'가 갖는 가치평가적 내용과 공식이 갖는 다른 차원의 의미, 특히 앞에서 비판했던[192] '무기력테제'의 의미를 엄격히 분리해야 한다. 초법률적 법을 인정한다면, 초법률적 법을 법왜곡의 구성요건에 포함시키는 것은 당연한 결과이다. 라드브루흐 공식에서 의미하는 법률적 불법을 적용하여, 예컨대 자유재량에 따라 사형을 선고한 법관[193]은 초실정적 법을 위반한 것이며, 따라서 객관적으로 법왜곡죄를 범한 것이 된다. 이러한 결론은 라드브루흐의 입장[194]과 독일형법 제336조에 대한 오늘날의 다수설의 입장[195]과 일치한다. 또한 과실

해서는 Schumacher(주 2), 69면 이하 참고]. 대표적인 예로는 저항권(Widerstandsrecht) —라드브루흐 공식은 저항권의 근거가 된다— 과 헌법에 반하는 헌법규범[verfassungswidrige Verfassungsnorm; 이에 관해서는 BVerfGE 3, 225(231 ff.), Bachof, Verfassungswidrige Verfassungsnorm?, 1951; 최근의 문헌인 Leisner, Verfassungswidrige Verfassungsrecht — Nach dem Boden-reform-Urteil—, DÖV 1992, S. 432 ff.]의 문제를 들 수 있다. 또한 불법국가에서 자행된 범죄에 대한 공소시효(Verjährung)의 문제에 관해서는 아래의 114면 참고.

191) 이에 관한 상세하고 비판적인 서술로는 Scholderer, Rechtsbeugung im demokratischen Rechtsstaat, 1993, S. 283 ff., 441 ff. 참고.

192) 6면 이하 참고.

193) 이러한 예에 관해서는 Radbruch, Gesetzliches Unrecht und übergesetzliches Recht, S. 108 l. Sp 참고.

194) Radbruch, Gesetzliches Unrecht und übergesetzliches Recht, S. 108; ders., Gesetz und Recht, S. 98.

195) Dreher/Tröndle, StGB, 47. Aufl., 1995, § 336 Rz 5; Schönke/SchröderCramer, § 336 Rz 5; LK-Spendel, StGB, 10. Aufl. 1988, § 336 Rz 49 ff.; SK- Rodolphi, StGB, § 336 Rz 10; Lackner, StGB, 20. Aufl. 1993, § 336 Rz 5.

에 의한 법왜곡은 가벌성이 없다는 점은 정의에 대한 의식적 부정에 초점을 맞추는 '부정테제'에 합치한다. 정의에 대한 의식적 부정은 법왜곡에 대한 주관적 고의를 의미한다고 볼 수 있다.[196] 그러나 어떠한 고의형식이 가벌성의 기초가 되는가의 문제는 여전히 남는다. 공식이 법왜곡과 관련하여 갖는 의미는 여기에서 그치고, 더 이상의 의미를 확정하는 것은 어려운 일이다. 라드브루흐는 특히 형사법관의 책임상의 특권(Haftungsprivileg)[197]을 옹호하며, 법왜곡죄의 보호목적이 법관의 독립에 있다고 본다.[198] 그러나 그의 이러한 견해는 결코 '참을 수 없음-테제'나 '부정테제'에 따른 결론이 아니라, 법왜곡죄에 대한 일정한 해석방식을 의미할 뿐이다. 따라서 라드브루흐 공식 자체로부터 법왜곡죄에 관한 특정한 학설이 도출되는 것은 아니며, 공식은 어떠한 학설에

196) Radbruch, Gesetzliches Unrecht und übergesetzliches Recht, S. 103.

197) *바써만*(Wassermann, Zur Anwendung der sogenannten Radbruchschen Formel auf Unrechtsurteile der DDR-Justiz, NJW 1992, S. 878)은 법관의 책임상의 특권을 라드브루흐 공식의 의미로 파악한다. 이러한 이해방식이 타당하지 않음은 물론이다.
☞ 법관의 책임상의 특권이라는 표현은, 법관은 법왜곡죄의 구성요건을 충족하지 않는 한, 오판의 결과(예컨대 오판에 따른 사형집행)에 대해 책임을 지지 않는다는 의미이다. 이러한 특권은 「법률적 불법과 초법률적 법」의 다음과 같은 구절에서 처음으로 표명된다: "법관을 살인죄로 처벌하기 위해서는 그가 법왜곡죄를 범했다는 사실이 확인되어야 한다. 왜냐하면 독립성을 갖는 법관의 판결은, 법관이 자신의 독립성을 보장해 주는, 법에 대한 복종이라는 원칙 자체를 위반했을 때에만 처벌의 대상이 되어야 한다"(Radbruch, Gesetzliches Unrecht und übergesetzliches Recht, S.108). 이런 맥락에서 독일 형법학은 법왜곡죄에 관한 형법 제336조(법관, 여타의 직무담당자 또는 중재재판관이 법적 사안을 지휘 또는 재판하면서 당사자에게 유리하거나 불리하게 법을 왜곡했을 때에는 1년 이상 5년 이하의 자유형에 처한다)가 법관의 책임에 대한 '차단효과'(Sperrwirkung)를 갖는다고 설명한다. 즉, 법왜곡죄 조항은 법왜곡에 대한 처벌의 근거일 뿐만 아니라, 법관의 독립을 보장하는 기능을 갖는다고 한다(옮긴이).

198) Radbruch, Gesetzliches Unrecht und übergesetzliches Recht, S. 103. 또한 법왜곡에 대한 라드브루흐의 해석방식을 비판적으로 고찰한 Bauer (주 85), 306면 참고.

도 부합될 수 있다. 물론 주관설과 절충설이 라드브루흐의 '부정테제'의 영향을 받아 법왜곡을 정의에 반한 동기에서 판결한 행위로 이해[199]하게 되었다는 사실은 공식의 수용사에 비추어 볼 때는 타당한 지적일 것이다. 하지만 과연 이러한 수용 자체가 타당한 것이었는지 의문이다. 특히 주관설은 공식의 의미를 완전히 임의적으로 파악하고 있다. 법적용자가 의식적으로 자신의 확신에 반한 판결을 내렸다면 법왜곡의 구성요건이 충족된다고 하는 주관설[200]의 결론이 라드브루흐의 '부정테제'에 기초한다고 볼 어떠한 근거도 존재하지 않는다. 정의에 대한 의식적 부정은 결코 법관의 확신과 법관의 행위 사이의 모순을 의미하지 않기 때문이다. 이와 마찬가지로 '참을 수 없음-테제'와 '부정테제'로부터 반드시 절충설이 도출되어야 할 근거도 존재하지 않는다. 법왜곡죄에 대한 학설의 대상은 어디까지나 법왜곡에 대한 해석의 문제일 뿐, 결코 정의와 법적 안정성 사이의 모순에 관한 문제가 아니다. 더욱이 앞에서 서술했던[201] 두 테제 사이의 관계에 비추어 볼 때, 절충설은 두 테제를 서로 대립되는 것으로 파악할 뿐만 아니라, '부정테제'의 의미를 주관적 관점으로 축소하는 오류를 범하고 있다.[202] 물론 라드브루흐는 「법률적 불법과 초법률적 법」

---

199) Scholderer(주 191), 441면.
☞ 법왜곡죄에 관한 도그마틱의 학설은 네 가지로 나뉜다. 객관적인 법위반만으로 구성요건이 충족된다는 객관설과 법관이 자신의 법적 확신에 모순된다는 사실을 의식해야 한다는 주관설 및 양자가 모두 전제되어야 한다는 절충설이 있다. 이에 반해 의무위반설(Pflichtswidrigkeitstheorie)은 법관이 자신의 의무에 따라 획득된 객관적인 법적 확신에 모순된다는 사실을 의식할 때에만 법왜곡죄가 성립한다고 한다. 의무위반설 역시 객관설에 대한 비판으로부터 성립했고, 절충설에 가까운 경향을 띠고 있다(옮긴이).

200) 특히 LK-Spendel, § 336 Rz 37.

201) 앞의 27면 이하.

202) *베렌트*(Behrendt, Die Rechtsbeugung, JuS 1989, S. 951)는 절충설이 갖는 이러한 오류를 비판하고, '부정테제'는 '순수한 객관주의적' 성격을 갖고 있다고 강조한다.

에서, '법률은 법률이다'는 실증주의에 의해 '잘못된 교육'을 받은 나치 법관들이 과연 법왜곡의 고의를 가질 수 있었을까 라는 대답하기 어려운 질문을 던지고 있다.[203] 이른바 '무기력테제'는 라드브루흐의 이 질문을 근거로 삼는다. 그러나 2차 대전 이후 나치 법관들에 의해 자행된 불법에 대한 형법적 처리가 좌절되고, 법왜곡죄를 기만적으로 해석[204]하게 된 책임은 무기력테제가 의도하는 자기보호 이데올로기가 져야 할 뿐, 라드브루흐 공식이 제기한 테제 자체는 이와 무관하다.[205] 따라서 무기력테제가 라드브루흐 공식과 관계가 없다는 사실이 확인되었다면, 무기력테제를 근거로 공식 자체를 비판하는 것은 불가능하다. 라드브루흐는 불법적인 판결이 생명에 대한 위협 때문에 행해진 긴급피난이라는 근거로 나치 법관들을 면책시키는 것은 아주 '고통스러운' 결과라고 말한다.[206] 그러나 면책이라는 고통스러운 결과가 구 동독의 경우에도 그대로 고려되어야 할 이유는 어디에도 없다.

'국경수비대' 소송과 법왜곡이 서로 맞물리는 물음은, 구 동독 형법 제213조를 단순적용한 구 동독의 법관들이 과연 가벌적인 법왜곡죄를 범했는가(또는 동서독 국경에서 사살행위를 한 수비대들을 기소하지 않은 구 동독의 검사들이 과연 부작위에 의한 법왜곡죄를 범했는가) 하는 점이다. 이 물음에 대한 판단은 주관적 구성요건을 규정하여 직접적 고의(dolus directus)가 있지 않는 한 처벌대상이 되지 않는다는 점에서 제336조에 비해 경미한 구 동독 형법 제

203) Radbruch, Gesetzliches Unrecht und übergesetzliches Recht, S. 108; ders., Gesetz und Recht, S. 98.

204) Scholderer(주 191), 23면 이하.

205) 비슷한 견해로는 Frommel, FS für Arthur Kaufmann, S. 88 참고. 따라서 라드브루흐 공식에 대한 *숄더러*의 비판(Scholderer, S. 441 ff.)이 대부분 무기력테제에 관련되어 있다는 사실은 우연이 아니다.

206) Radbruch, Gesetzliches Unrecht und übergesetzliches Recht, S. 108.

244조를 척도로 해야 한다[형법시행법 EGStGB 제315조 제1항 제1문(구 동독의 흡수로 인해 발생하는 형법적 문제는 형법 제2조에 따라 처리하도록 규정: 옮긴이) 및 형법 제2조(행위시의 법과 재판시의 법이 규정한 형량이 다를 때에는 경미한 법을 적용: 옮긴이)에 근거]. 구 동독 형법 제244조에 따르면, 소송이나 수사를 수행하는 법관이나 검찰로서 의도적으로 위법하게 당사자를 유리 또는 불리하게 한 자는 5년 이하의 자유형에 처하게 되어 있었다.

구 동독 형법 제244조의 문언에 비추어 볼 때, 초실정적 법을 이 조항에 포함시켜 해석하는 것은 여러 가지 문제를 함께 고려하지 않을 수 없게 만든다. 이 조항은 독일형법 제336조와는 달리 법의 왜곡(Beugung des Rechts)이 아니라, 위법한 결정(gesetzwidrige Entscheidung)만을 처벌하기 때문에, 구 동독의 법관들을 전적으로 구 동독의 법률에만 구속시키는 규범적 작용을 갖는다고 볼 수도 있다.[207] 따라서 구 동독형법 제244조를 근거로 법관의 가벌성을 인정하려는 견해에 대해서는, 형식적 효력을 갖는 구 동독의 법률을 단순히 적용한 것은, 설령 그 법률이 불법적인 법률인 경우라 할지라도 언제나 합법적이며, 결코 위법한 행위가 아니라는 반론이 가능할 것이다.[208] 그러나 법률적 불법을 적용할 때에는 합법적 판결일지라도 일정한 한계가 있지 않는가 하는

207) Vormbaum, Zur strafrechtlichen Verantwortlichkeit von DDR-Richtern wegen Rechtsbeugung, NJ 1993, S. 214; Grünwald, Die strafrechtliche Bewertung in der DDR begangenner Handlungen, StV 1991, S. 36.

208) Bemmann, Zur Frage der Strafbarkeit des Judizierens gegen übergesetzliches Recht, in: ders./Manoledakis(Hrsg.), Der Richter in Strafsachen, 1992, S. 163 f. 구 동독형법 제244조에 초실정적 법을 포함시키는 것에 반대하는 입장으로는 또한 Grünwald(주 207), 36면; Breymann, Zur Auslegung der Verjährungsregelung in Art. 315a EGStGB, NStZ 1991, S. 464; Bottke, Die Verfolgung von Regierungskriminalität der DDR nach dem Beitritt der neuen Länder, in: Lampe(주 145), 227면 이하; Scholderer(주 191), 498면 참고.

물음이 당연히 제기되어야 한다. 이를 긍정하는 입장에서는 죄형법정주의의 의미를 해석할 때와 마찬가지로 법의 핵심영역에서는 위법성(Gesetzeswidrigkeit)과 불법성(Rechtswidrigkeit)이 일치한다고 생각하지 않을 수 없다.[209] 법의 핵심영역(Kernbereich des Rechts)에 관한 이론을 근거로 입법자에게 입법의 한계를 규정하면서도, 법관들로 하여금 법의 핵심영역을 침해한 법률의 적용을 처벌하지 않도록 규정한 규범을 면책근거로 삼도록 허용한다면, 그러한 논증은 일관성을 상실한다.[210]

라드브루흐 공식에 따라 법률적 불법의 경우에는 판결의 합법성 여부와 관계없이 그 불법성을 인정해야 한다는 입장을 고수[211]한다면, 구 동독형법 제213조 자체가 과연 공식에서 말하는 법률적 불법이었는가 하는 물음을 제기해 보아야 한다. 이 물음은 '국경수비대' 소송과는 별개의 맥락에서 이해되어야 한다. 왜냐하면 구 동독형법 제213조와 국경법 제27조 제2항 제1문에 근거한 실정법상의 정당화사유를 법률적 불법으로 낙인찍는 것이 곧 공화

---

209) 따라서 초실정적 법을 원용하는 것은 구 동독형법 제244조가 위법판결뿐만 아니라, 불법판결까지도 처벌하고자 했다는 전제를 당연히 포함한다는 *마이발트*의 지적[Maiwald(주 146), 1888면]은 타당하다.

210) Rautenberg/Burges, Anfangsverdacht wegen Rechtsbeugung gegen Staatsanwälte und Richter der früheren DDR – ein Beitrag zum Meinungsstand in der Praxis, DtZ 1993, S. 71 ff.(73).

211) 포츠담 지역법원의 판결(NJ 1994, S. 87 f.)은 이러한 전제에서 출발한다. 또한 최근의 연방재판소 판결(NJ 1994, S. 583)도 결과적으로는 이러한 입장에 서 있다[물론 연방재판소는 *레츠구스*의 견해(Letzgus, Die strafrechtliche Verantwortlichkeit von Richtern, Staatsanwälten und Untersuchungsorganen der ehemaligen DDR wegen Rechtsbeugung, in: FS für Helmrich, 1994, S. 81 f.)를 원용하여 위법성과 불법성을 거의 구별하지 않고 있다. 하지만 구 동독 시절의 현실에 비추어 이러한 입장은 상당한 문제점을 안고 있다]. 이와 관해서는 Maiwald(주 146), 1888면; Schroeder, Strafrechtliche Verantwortlichkeit für die Ausübung politischer Strafjustiz in der ehemaligen DDR, in: Lampe(주 145), 119면; Vormbaum(주 207), 214면 참고.

국탈출죄에 관한 규정 자체의 부정당성을 포함하는 것은 아니기 때문이다.[212] 국경지역에서 총격을 가한 행위를 대상으로 하는 '국경수비대' 사건에서는 이주의 자유와 생명권이라는 두 개의 인권에 대한 침해가 문제되는 반면, 구 동독형법 제213조는 오로지 이주의 자유에만 관련된다. 물론 '위법하게 국경을 넘는 행위'를 범죄로 만든 법규정이 「시민적 및 정치적 권리에 관한 국제협약」 제12조 제2항에 위반된다는 사실은 명백하며, 따라서 공화국탈출을 이유로 유죄판결을 내리는 것은 인권침해를 의미한다. 하지만 불법성의 차이를 인정한다면, 구 동독형법 제213조의 무효성이 핵심영역에 대한 침해의 관점에 비추어 적어도 국경법 제27조와 같은 정도의 무효성을 갖는다고 할 수는 없다.[213]

> 이러한 입장은 독일연방에 새로 가입한 주들(= 구 동독지역)에서 주장되는 지배적인 견해와 일치한다. 즉 구 동독형법 제213조를 단순적용한 것만으로는 법왜곡죄의 구성요건을 충족하지 않는다는 것이다. 이 견해는 구 동독의 노동법원에 재직한 두 명의 판사의 가벌성에 대해 연방재판소가 내린, 법왜곡에 관련된 첫 번째 원칙판결[214]에도 그대로 반영되어 있다. 물론 이 판결은 나치시대의 사법(司法)적 불법을 제대로 청산하지 못했던 것과 비교해 보면 아주 주목할 만하다.[215] 여기서 연방재판소는 구 동독의 판사들을 현재의 독일연방공화국에서 법왜곡죄로 처벌할 수 있는 가능성을 원칙적으로 인정하고, '국경수비대' 소송에서와 마찬가지로 초월적 심사기준과 내재적 심사기준을 결합시키면서, 판결이 완전히 자의적 행위로 보일 정도로 명백하고 현저하게 인권을 침해한 사건에

---

212) 이와 다른 견해에 서 있는 Scholderer(주 191), 482면 참고.

213) 이와 같은 근거에서 제213조의 무효성을 부정하는 입장으로는 Schroeder(주 211), 482면; Rautenberg/Burges(주 210), 74면; Rautenberg, NJ 1994, S. 89; Letzgus(주 211), 83면 이하.

214) BGHSt 40, 30 = NJW 1994, 529.

215) Lamprecht, Lesarten für Rechtsbeugung, NJW 1994, S. 562 f.

> 국한시켜 법왜곡죄의 가벌성을 확인하고 있다.[216] 이처럼 제213조의 단순적용, 즉 과잉성이 없는 적용은 가벌적인 법왜곡죄에 해당하지 않는다는 연방재판소의 전제는 판결의 위법성여부에 대한 판단에서는 구 동독의 법률이 척도가 되어야 한다는 점을 강조하는 입장[217]과 합치한다. 물론 연방재판소도 「시민적 및 정치적 권리에 관한 국제협약」을 명백한 인권침해를 판단하는 척도로 인정하고 있고, 정치적 적대자나 특정한 사회집단을 말살할 목적으로 행해진 형사소추를 자의적인 인권침해로 규정한다.[218] 그러나 법관의 행위가 당시의 동독법률의 문언과 합치하는 한, 판결의 위법성은 원칙적으로 배제된다고 본다.[219] 이와 같은 맥락에서 연방재판소는 자의적인 인권침해의 한 보기로서 비례성이 없는 자유형의 부과와 관련해서 구 동독형법 제213조를 명시적으로 언급하고 있을 뿐, 이 법률 자체에 대한 평가는 내리지 않고 있다.[220] 이러한 배경에서 볼 때, 법왜곡죄와 관련하여 제213조의 법적 효력에 대해 명백한 입장을 표명하지 않았던 포츠담 지역법원의 판결은, 비록 이주의 자유를 법의 핵심영역에 포함시키기 위한 기본적인 관련점을 포착하고 있긴 하지만,[221] 연방재판소의 판결에 비해 더 이상의 의미가 없다.

이러한 문제점들을 무시한 채, 공화국탈출을 근거로 유죄판결을 내린 행위 자체를 객관적 법왜곡으로 평가하려는 입장[222]은 구 동독의 법관들(또는 국경에서 사살행위를 한 국경수비대를 형사소추

---

216) BGHSt 40, 30(32, 41 f.).
217) BGHSt 40, S. 33.
218) BGHSt 40, S. 41 f.
219) BGHSt 40, S. 41.
220) BGHSt 40, S. 43.
221) BG Potsdam NJ 1994, 87(88).
222) 예컨대 Wassermann, Unrecht durch DDR-Rechtsprechung, in: Spendel-FS, 1992, S. 647. 이주금지 자체가 무효라고 보는 입장으로는 예컨대 Hiltwein/Oldigs/Schey(주 146), 37면 이하 참고.

하지 않은 검찰)이 법왜곡에 대한 직접적 고의를 갖고 있었다는 사실을 입증해야 하는 어려움을 안게 된다. 지배적인 견해가 법왜곡에 대한 제한적 고의만으로 구성요건을 충족한다고 보는[223] 독일형법 제336조와는 달리, 동독형법 제244조는 직접적 고의(dolus directus)에 따른 행위일 것을 요구한다. 이 요건이 충족되지 않았기 때문에 문제된 사례들에 대한 가벌성심사 자체가 불필요하게 된다는 사실은 앞에서 언급한 포츠담 지역법원의 판결에서 잘 드러나 있다.[224] 즉 직접적 고의가 확인되지 않았기 때문에, 포츠담 지역법원은 구 동독형법 제213조가 과연 타당한 규정인가에 대한 물음에 대답할 필요가 없었고, 행위의 주관적 측면에서 법왜곡에 대한 충분한 혐의가 존재하지 않는다고 결정할 수밖에 없었다. 그 근거로서 포츠담 지역법원은, 구 동독의 법이 법관의 법률심사권을 인정하지 않았다는 사실과 공화국탈출죄의 구성요건 자체의 무효성 여부에 대해 현재의 독일 법학자들 사이에서도 견해가 일치하지 않고 있다는 사실을 원용했다.[225]

d) 연속성과 불연속성 사이에서

라드브루흐 공식에 관한 문헌들에서는 공식이 과연 불법국가를 정당화하는지 아니면 불법국가의 정당성을 박탈하는지를 둘러싸고 상당한 논란이 벌어지고 있다. 공식이 개별규범에만 관련된다는 점에서 불법국가의 전체 '법'질서를 정당화하는 작용을 한다고 주장하는 쪽에서는, 공식의 개별규범 관련성이 결국 법세계(Rechtswelt) 전체는 언제나 신성하다는 사고를 불러일으킨다고 한

---

223) Schönke/Schröder-Cramer, § 336 Rz 7; LK-Spendel, § 336 Rz 77 ff.; Behrendt(주 202), 949면 이하.

224) NJ 1994, S. 87 f. 이와 다른 견해로는 Maiwald(주 146), 1889면. *마이발트*는 대부분의 사례에서 법왜곡의 고의를 소송에서 입증할 수 있다고 생각한다.

225) NJ 1994, S. 88.

다.[226] 이에 반해 다른 쪽에서는 공식이 나치 불법체제 전체를 탈정당화하는 사후적 억제수단이 된다고 주장한다.[227] 사실 얼핏 보면 공식이 극도로 상이한 작용을 한다고 여겨진다. 즉 불법이긴 하지만 그 안정성을 우선시켜야 할 상태와 참을 수 없는 부정의 상태의 경계선을 어디에서 긋는가에 따라 공식은 탈정당화나 사후적 처벌을 가능하게 할 수도 있고, 거꾸로 이를 가로막는 작용을 할 수도 있다. 그러나 엄밀히 고찰해 보면, 정당화테제와 탈정당화테제 모두 라드브루흐의 입장을 잘못 파악하고 있음을 알 수 있다.

정당화테제(Legitimierungsthese)에 대해서는, 공식이 개별규범에 지향된다는 사실이 결코 불법국가의 정당화를 의미하지 않는다는 반론을 제기할 수 있다. 이 점은 민족사회주의의 '법'에 대한 라드브루흐의 심판에서도 분명히 나타나 있다. 즉 민족사회주의 법은 '정의의 본질적 요청을 의식적으로 묵살'했고, 따라서 전혀 법의 성격을 갖고 있지 않다는 것이 라드브루흐의 결론이었다.[228] 우리의 논의와 관련해서는 세 가지 관점이 특히 중요한 의미를 갖는다. 첫째, 앞에서 밝힌 바와 같이,[229] 라드브루흐 공식은 개

226) Grünwald, Zur Kritik der Lehre vom übergesetzlichen Recht, 1971, S. 14(하지만 *그륀발트*는 이 글에서 라드브루흐 공식을 명백히 관련시켜 논의하고 있지 않다); Jakobs, Untaten des Staates — Unrecht im Staat, GA 141(1994), S. 14. *야콥스*는 피억압자에게 과거에 자행된 폭력을 불법이라고 말한다면, 그것은 결국 이미 발생한 사실을 정당화하는 것밖에 되지 않는다고 본다. 즉 불법이라고 말하는 것은 단지 기존의 사회상태에 장애가 발생했을 뿐, 극단적인 폭압적 지배상태가 아니었음을 의미하고, 따라서 과거의 상태가 갖는 해악성이 크지 않았다고 정당화하는 작용을 한다는 것이다. 또한 Jakobs, Vergangenheitsbewältigung durch Strafrecht?(주 157), 53면. 이러한 문제에 관해서는 앞의 26면의 서술을 참고.

227) 예컨대 Laage(주 5), 410면.

228) Radbruch, Gesetzliches Unrecht und übergesetzliches Recht, S. 107 l.Sp. u/r.So.o.

별규범뿐만 아니라, 개별규범집단의 정당성을 박탈할 수 있다(정당화테제는 이 점을 간과하고 있다). 둘째, 라드브루흐는 개개의 법적 행위를 평가할 때, 그러한 법적 행위가 이루어지는 전체 체제를 고찰해야 한다는 사실을 뚜렷이 인식하고 있었다.[230] 셋째, 라드브루흐 공식은 민족사회주의자들이 제정한 전형적인 민족사회주의적 '법'과 공식의 대상이 되지 않는 여타의 민족사회주의 법질서(예컨대 오늘날에도 여전히 효력을 갖는 민법규정들 – 옮긴이)를 구별하고 있다.[231] 라드브루흐가 민족사회주의 '법'을, 민족사회주의 국가의 핵심적 불법을 형성하고, 따라서 공식에 의거하여 그 정당성이 의문의 여지없이 박탈되는 규범집단으로 파악하고 있는 한, 공식이 민족사회주의 국가를 정당화하는 작용을 한다고 말할 수 있는 근거는 존재하지 않는다. 또한 단순히 부정당한 법, 즉 정의에 대한 참을 수 없는 위반에 이르지 않은 법과 관련해서도 라드브루흐 공식이 결코 법치국가에서의 법과 불법의 구별을 불확실하게 만들지는 않는다는 사실을 강조할 필요가 있다. 공식이 비록 참을 수 없을 정도로 부정당한 법만을 탈정당화하지만, 참을 수 없을 정도로 부정당하지 않은 법 또한 불법이라는 사실에는 변함이 없기 때문이다.[232]

---

229) 앞의 26면 참고.

230) 초법률적 법에 관한 이론이 이러한 기능을 수행할 수 없다는 반론에 관해서는 Grünwald, Zur Kritik der Lehre vom übergesetzlichen Recht, 1971, S. 14 참고.

231) 이 점에서 라드브루흐의 구별은 민족사회주의 국가를 처분국가(Maßnahmenstaat)와 규범국가(Normstaat)로 구성된 이중국가(Doppelstaat)로 파악하는 *프랭켈*의 유명한 이론[Fraenkel, Der Doppelstaat. Recht und Justiz im Dritten Reich, (1941) 1984, S. 26 ff., 96 ff.]에 근접한다.

232) 이러한 해석에 따를 경우, 라드브루흐 공식과 전체 법체계의 불법성에 고정된 *크릴레*의 불법논거(Kriele, Recht und praktische Vernunft, 1979, S. 117 ff.)를 구별하는 논의(예컨대 Alexy, Begriff und Geltung des Rechts, S. 108 ff.)는 절대적인 의미를 상실한다.

정당화테제에 대한 이러한 비판을 배경으로 할 때, 탈정당화 테제(Delegitimierungsthese) 또한 설득력이 없음을 알 수 있다. 즉 라드브루흐 공식이 모든 불법국가의 정당성을 박탈하는 적절한 수단이 된다는 생각은, 공식이 비록 과거의 체제와 관련을 맺긴 하지만, 결코 그 자체가 과거청산을 의미하지는 않는다는 점을 오해하고 있다.[233] 사면을 받은 살인자, 밀고자, 나치의 하수인과 법관들에 대한 라드브루흐의 적대감은 아주 신중하고 전체적으로 보면 상당히 소극적이었다.[234] 심지어 라드브루흐는 과거에 자행된 범죄에 대해 복수심에서 처벌하려는 욕구를 납득할 수 없는 것은 아니지만, 그러한 욕구를 억제하고 '형식적이고 법적인 고려'를 우선시킬 것을 요구했다.[235] 승자의 사법이나 피해자들을 만족시키기 위한 사법(Sieger- und Opferjustiz)은 라드브루흐의 관심사가 아니었다. 더욱이 예컨대 *라게*(Laage)의 주장처럼 공식의 탈정당화기능을 확장해석하면, 그 출발점이나 결론의 측면에서 공식의 내용에 대한 명백한 모순을 범하는 결과가 된다. *라게*는 개별규범에 국한된 공식의 탈정당화능력을 확장시키려는 의도에서, 라드브루흐 공식을 *프랭켈*(Fraenkel), *키르히하이머*(Kirchheimer), *프란츠 노이만*(Franz Neumann) 등에 의해 이루어진 민족사회주의 분석과 결합시키고, 이러한 토대 위에서 법적 안정성이 우선한다는 추정은 오로지 법치국가에서만 가능할 뿐, 정의와 법적 안정성 자체를 부정하는 민족사회주의 불법국가에서는 그러한 추정 자체

233) 이 점을 적절히 지적하고 있는 Engisch, Gustav Radbruch als Rechtsphilosophie, in: ARSP 38(1949/ 1950), S. 315: "만일 라드브루흐가 끔찍한 과거에 대해 대항하는 무기로서 이러한 이론을 발전시켰다고 생각한다면, 그것은 그의 사상에 대한 커다란 오해이다."

234) Radbruch, Gesetzliches Unrecht und übergesetzliches Recht, S. 107/108; ders., Gesetz und Recht, S. 97 ff.; ders., Die Erneuerung des Rechts, S. 108.

235) Radbruch, Gesetzliches Unrecht und übergesetzliches Recht, S. 108 r.Sp.

가 불가능하다는 결론을 내세운다.[236] 개별규범과의 관련성이 공식의 적용범위를 확장시킨다는 점에 대한 인식[237]을 제외하면, *라게*의 논증은 정당화테제와 마찬가지로 공식이 충분한 탈정당화능력을 갖고 있지 않다는 부적절한 전제에 기초하고 있다고 보인다. 더욱이 *라게*의 결론을 감안하면 그녀의 해석은 공식이 불법국가와 관련하여 갖는 의미 자체를 완전히 포기하고 있다.[238] 예컨대 도로교통법과 같이 민족사회주의 체제와 관련성이 없는 법까지도 탈정당화해야 할 의미가 어디에 있는지는 그녀의 논증에서 밝혀져 있지 않다.[239]

이미 여러 번에 걸쳐 밝혔듯이, 라드브루흐 공식은 체계초월적 관점과 예외상황에 국한된 관점을 결합시키고 있기 때문에, 공식의 기능을 둘러싸고 정당화와 탈정당화를 대립적으로 파악하는 것은 의미가 없다. 공식은 형법적으로 이중의 과제를 안고 있다. 즉 정의에 대한 참을 수 없는 위반에 대해 실정법 규정과는 관계없이 처벌을 가능하게 해야 할 뿐만 아니라 공식을 확장적용하여 처벌을 남용하는 것을 방지해야 한다. 라드브루흐는 이러한 과제가 국제형법의 발전단계를 반영하는 것이기도 하다는 사실을 인식하고 있었고, 그 때문에 라드브루흐는 죄형법정주의와 관련하여 구속력 있는 국제형법의 제정을 주장했다.[240] 공식이 갖는 이러한 이중적 과제에는 무엇보다도 형법을 유일한 수단으로 삼아 '과거청산'을 시도하려는 전략에 대한 라드브루흐의 회의가 표출

236) Laage, Die Auseinandersetzung um den Begriff des gesetzlichen Unrechts nach 1945, KJ 1989, S. 412/413.

237) 앞의 50면.

238) 앞의 26면 참고.

239) 이런 점에서 불법국가의 법 모두가 불법인 것은 아니라는 *젠들러*(Sendler, Die DDR ein Unrechtsstaat — ja oder nein?, ZRP 1993, S. 3 f.)의 말은 전적으로 타당하다.

240) Radbruch, Die Erneuerung des Rechts, S. 111 ff. 또한 ders., Vorschule der Rechtsphilosophie, § 35 S. 111/112 참고.

되어 있다.[241] 왜냐하면 체제의 변혁이 이루어지는 시기에 무조건 정의만을 추구하려는 의도에서 몰락한 불법국가의 규범성을 무차별적으로 새로운 법치국가의 척도로 대체하는 것은 정당화될 수 없기 때문이다.[242] 라드브루흐는 법효력의 문제를 서술하면서 역사철학적 관점을 끌어들여 법의 역사 가운데 존재하는 '수성론'(水成論, Neptunismus)과 '화성론'(火成論, Vulkanismus), 즉 정당성론(법은 언제나 법으로 남아야 한다는 입장. 즉 법은 부단한 역사 속에서 형성된다는 입장)과 대재난론(Katastrophentheorie: 법의 생성은 법의 파괴를 통해 이루어진다는 입장. 즉 법은 급격한 변혁의 산물이라는 입장) 사이의 긴장과 대립을 다시 한번 지적한다.[243] 라드브루흐 공식은 연속성과 불연속성 사이의 중도(Mittelweg), 즉 전체주의적 국가불법에 대한 엄격한 실증주의적 청산(어떠한 제재도 불가능하다는 입장)과 과도한 자연법적 청산(전면적인 형법적 청산) 사이의 중간으로 이해되어야 할 것이다.[244]

---

241) '과거청산'이라는 단어는 분명 오늘날의 예방형법에 비추어 볼 때 부적절한 표현이다. 과거로부터 부담을 떠안게 된 현재를 미래를 위해 처리하는 것이라고 이해하는 것이 본래의 의도에 적합할 것이다. 이 점에 관해서는 Dencker, Vergangenheitsbewältigung durch Strafrecht?, KritV 1990, S. 310 ff. 참고.

242) 이 점에서 라드브루흐 공식은 각 법영역에 따라 공식의 적용강도를 세분화할 수 있는 여지를 충분히 남기고 있다고 본다.

243) Radbruch, Rechtsphilosophie, § 11 S. 185 ff.; ders., Vorschule der Rechtsphilosophie, § 27 S. 83 ff.

244) 구 동독의 불법에 대한 형법적 처리와 관련하여 이러한 중도적 처리를 찬성하는 입장으로는 Herrmann, Menschenrechtsfeindliche und menschenrechtsfreundliche Auslegung von § 27 des Grenzgesetzes der DDR, NStZ 1993, S. 120/121; Herzog, Zur strafrechtlichen Verantwortlichkeit von Todesschützen an der innerdeutschen Grenze, NJ 1993, S. 3. 실증주의자들은 이러한 중도적 입장 때문에 라드브루흐 공식을 인정하지 않는다. 이 점에 관해서는 Schöneburg, Recht im nazifaschistischen und im 'realsozialistischen' deutschen Staat – Diskontinuitäten und Kontinuitäten, NJ 1992, S. 50 참고.

라드브루흐 공식의 성격을 실증주의와 자연법의 중도로 규정하는 것은 전체주의 국가불법의 형법적 처리에 관한 근본입장을 두 가지 이상형(Idealtypus)으로 양극화했음을 의미한다. 따라서 양자 사이에 다양한 변형을 거친 여러 가지 모델이 있을 수 있다. 극단적인 자연법적 입장에 선다면 철저히 체계외재적 관점에서 출발하여, 참을 수 없을 정도로 부정의한 법률을 무효라고 선고하는 데 그치지 않고, 예컨대 구 동독의 경우에서처럼 헌법에 규정되어 있고, 결코 참을 수 없을 정도로 부당하다고 볼 수 없는 정권의 요구까지도 그 전체주의적 현실을 이유로 전면적인 형법적 청산을 주장하게 된다. 이에 반해 극단적인 실증주의는 철저한 체계내재성, 즉 사실상의 법실무를 포함한 실정법에 대한 무조건적 구속만을 전제로 사후적인 형사소추를 완전히 포기할 것이다. 하지만 몰락한 불법국가의 법현실이 가벌성문제에 대한 판단에 미치는 영향을 얼마만큼 인정할 것인가에 따라 실증주의 진영과 자연법 진영의 실제적 차이는 희미해진다는 점을 강조할 필요가 있다. 그렇기 때문에 설령 실증주의적 입장에 있을지라도 형사소추가 가능한 범위를 비실증주의적 입장보다 훨씬 넓게 잡을 수 있는 가능성은 얼마든지 있다.

2. 라드브루흐 공식과 확정력

오판의 확정력(Rechtskraft von Fehlurteilen)이라는 문제는 두 가지 근거에서 라드브루흐 공식이 불법국가 관련성을 뛰어 넘어, 현대 법치국가의 법실무에서도 실제적 의미가 있음을 보여주는 단적인 예가 된다. 첫째, 라드브루흐 자신이 확정판결의 절대적 무효에 관한 사고에서 표출되는 실체법과 절차법 사이의 긴장관계를 부정당한 법률의 효력에 관한 문제와 유사한 구조를 갖는 실정법 내재적 문제로 생각했다는 사실이다.[245] 둘째, 이 문제와

---

245) Radbruch, Rechtsphilosophie, § 25 S. 278/279; ders., Grundzüge der

관련하여 실제로 라드브루흐 공식으로부터 —잠재적이긴 하지만— 영향을 받은 영역이 존재한다는 점이다. 즉 형사판결의 무효에 관한 이론과 형사소송의 재심제도는 라드브루흐 공식의 영향을 받은 대표적인 보기에 속한다.

두 번째 근거를 주장할 수 있는 연결점은, 형사판결의 무효와 재심이라는 두 가지 법적 문제에서 참을 수 없는 부정의라는 개념이 결정적 의미를 갖는다는 사실이다. 지배적인 견해에 따르면, 하나의 형사판결이 법적 안정성과 법적 평화의 중요성을 감안할지라도 정의의 관점에서 볼 때 이를 구속력 있는 판결로 인정하기에는 참을 수 없을 정도로 중대한 하자를 갖고 있고, 그러한 하자가 상식적인 판단에 비추어 명백히 드러나 있다면 그 형사판결은 무효라고 한다.[246] 또한 형사소송법 제359조 이하에 규정된 재심절차의 목적은 정의감정에 비추어 판결의 정당성에 대해 참을 수 없을 정도의 회의가 존재할 경우, 판결의 확정력을 파기하는 것을 가능하게 하는 데 있다고 보는 것이 형법학의 지배적인 견해이다.[247] 이처럼 형사판결의 무효나 재심과 관련하여

Rechtsphilosophie, S. 175: "법적 안정성이 정의에 우선한다는 사고는 실정법과 정당한 법 사이의 관계뿐만 아니라, 실정법 내에서 절차법과 실체법 사이의 관계에서도 타당성을 갖는다."

246) Kleinknecht/Meyer-Goßner, StPO, 42. Aufl. 1995, Einl. Rz 105(물론 이 주석서는 제40판부터 무효판결에 관한 이론을 포기할 것을 주장하고 있다); KMR-Sax, StPO, 8. Aufl. 1990, Einl. X Rz 8 ff.; Roxin, Strafverfahrensrecht, 23. Aufl. 1993, § 50 Rz 28; Peters, Strafprozeß, 4. Aufl. 1985, § 55 S. 519 ff.; Schäfer, Strafprozeßrecht, 1976, Einl. Kap. 16 Rz 2 ff.

247) Roxin, Strafverfahrensrecht, § 55 Rz 1; KMR-Paulus, Vorb. § 359 Rz 11; Peters, Strafprozeß, § 76 I S. 668; Deml, Zur Reform der Wiederaufnahme des Strafverfahrens, 1979, S. 59ff. 이 문제를 법철학적 관점에서 파악하고 있는 문헌으로는 Henkel, Einführung in die Rechtsphilosophie, § 35 S. 443; Sauer, Gerechtigkeit, 1959, S. 131 ff. 재심의 개별적 문제와 관련하여 '참을 수 없음'이라는 개념을 논거로 사용하고

참을 수 없는 부정의라는 표현을 원용하는 것이 라드브루흐 공식의 영향에 기인한다는 나의 주장은 이 문제영역에서 '참을 수 없음'이라는 개념이 등장하기 시작한 것이 공식이 표명된 논문이 발표된 1946년 이후라는 관찰을 통해서도 입증된다. 이는 특히 라드브루흐 공식이 보편적 영향력을 행사한다는, 서두에서 밝힌 나의 주장과 일치한다. 따라서 라드브루흐의 법이념론을 개별적으로 언급하는 경우[248]가 있긴 하지만, 공식 자체를 직접 원용하는 경우는 없다는 사정은 나의 주장에 대한 반박이 될 수 없다. 공식을 오로지 불법국가와 관련시켜 이해하는 기존의 지배적인 입장에 설 때에만 그러한 사정을 중요하게 여기게 될 것이다. 지배적인 입장이 갖는 문제점은 앞에서 서술한 나의 비판을 통해 명백히 드러났다고 믿는다.

a) 확정력을 갖는 오판: 법적 안정성과 정의의 긴장관계

실질적 확정력에 관한 소송법원칙에 따르면, 판결을 통해 이미 형식적 확정력을 갖게 된 사안은 새로운 소송의 대상이 될 수 없다.[249] 실질적 확정력은 법적 안정성과 법적 평화를 보장하기

있는 판결인 OLG Frankfurt NJW 1983, S. 2400 및 R. Hohmann, NStZ 1991, S. 508 참고.

248) 형사소송상의 재심절차와 관련하여 J. Meyer, Wiederaufnahmereform, 1977, S. 39; Deml(주 247), 43, 59면의 언급. 또한 이미 1956년에 *슈나이더*(E. Schneider)는 「법원의 판결이 무효일 수 있는가?」(Sind nichtige Gerichtsentscheidungen möglich?)라는 논문에서 법률적 불법의 가능성과 판결의 무효 사이의 상관성에 관한 라드브루흐의 입장을 참을 수 없는 부정의와 관련시켜 언급하고 있다(MDR 1956, S. 466).

249) Baumbach/Lauterbach-Hartmann, ZPO, 53. Aufl. 1995, Einf. §§ 322-327 Rz 2; KK-Pfeiffer, StPO, 3. Aufl. 1993, Einl. Rz 167. 실질적 확정력이 과연 동일한 사안에 대한 새로운 결정 자체를 금지하는지 아니면 단순히 기존의 것과 다른 결정만을 금지할 뿐인지의 문제(이에 관해서는 Blomeyer, Zum Streit über Natur und Wirkungsweise der materiellen Rechtskraft, JR 1968, S. 409 ff. 참고)는 기본법 제103조 제3항이 이중처벌을 금지하고 있기 때문에 형사소송에 관련해서는 전자의 입장이 타당

위한 원칙이다. 즉 끝없이 새로운 소송이 이루어져야 한다면 사법(司法)이 마비될 것이기 때문에, 소송은 종착점이 있어야 한다.[250] 그러나 실질적 확정력에 따른 질서기능이 필연적인 것이긴 하지만, 그 구속력이 전혀 문제가 없는 것은 아니다.[251] 실질적 확정력이 정당성에 대한 어떠한 고려도 없이 오판에 대해서까지 효력을 부여한다면, 실질적 확정력은 진리에 기초한 정당한 판결이라는 소송이념[252]에 모순된다. 따라서 오판의 확정력이라는 문제는 법적 안정성과 정의 사이의 근본적 갈등이 첨예하게 드러나는 가장 까다로운 문제 가운데 하나이다.

확정력을 갖는 오판과 관련된 가치평가의 문제에 대한 이러한 서술은 압도적 다수의 견해[253]뿐만 아니라 라드브루흐 공식에 포함된 문제인식에도 합치한다. 이 문제에 대한 공식의 적용은 두 가지 점을 전제한다. 첫째, 확정력은 법적 안정성을 위한 제도이고, 소송의 목적은 정의에 있다고 전제해야 한다(아래의 aa). 둘째, 확정력과 소송목적 사이에 조정해야 할 갈등이 존재하고 있

하며, 따라서 이 문제에 대한 재론은 불필요하다.

250) 이에 관해서는 Rosenberg/Schwab, Zivilprozeßrecht, 15. Aufl. 1993, § 151 I S. 915; Henkel, Strafverfahrensrecht, 2. Aufl. 1968, § 100 I S. 384 참고. 전형적인 예는 프로이센 법원규칙(PreußAllgemGerO)의 규정을 들 수 있다. 이에 따르면 "시민사회의 안정과 질서를 위하여 소송이 영구화하거나 법관이 적법한 조사에 따라 확정한, 당사자의 권리를 다시 반박하는 것은 어떠한 경우에도 금지된다"고 한다(인용은 Rosenberg/Schwab, ebenda, 14. Aufl. 1986, § 152 I S. 971에 따름).

251) *벨링*은 실질적 확정력을 "그 자체 극히 의심스러운 제도"라고 규정했다(Beling, Deutsches Reichsstrafprozeßrecht, 1928, S. 269).

252) 거의 대부분의 문헌들은 이러한 소송목적을 명백히 인정하고 있다. 대표적으로는 Baumbach/Lauterbach-Hartmann, Einl. III Rz 9; KK-Pfeiffer, Einl. Rz 2 참고. 정의가 유일한 소송목적인지 아니면 여러 가지 목적들 가운데 하나인지에 관해서는 아래의 94면 이하를 참고.

253) 예컨대 Henkel, Strafverfahrensrecht, § 100 I, III S. 383 ff.; Deml, Zur Reform der Wiederaufnahme des Strafverfahrens, S. 41/42; Rosenberg/Schwab, Zivilprozeßrecht, § 151 I S. 915 참고.

음을 전제해야 한다(아래의 bb). 물론 이 두 가지 전제가 자명한 것은 아니다. 따라서 정의와 법적 안정성의 개념을 이 문제영역과 관련시켜 더욱 엄밀하게 고찰함으로써 이러한 전제들을 분명하게 밝혀야 하고, 특히 형사소송의 재심제도에 대한 *위르겐 마이어*(Jürgen Meyer)의 비판[254]에 비추어 첫 번째 전제의 의미를 정확히 확정해야 할 필요가 있다. 이 밖에도 두 가지 전제를 더욱 명확히 함으로써 소송목적론, 절차적 정의 및 확정력에 관한 이론 사이의 연관성이 오판의 확정력을 둘러싼 논의에서 어떠한 의미를 갖는지를 밝힐 수 있게 된다.

aa) 형사소송법의 재심제도에서 나타나는 확정력과 법적 안정성의 상관성 및 소송목적과 정의의 상관성

*마이어*는 확정력이 법적 안정성과 동일한 의미를 갖고 있고, 재심은 정의에 기여하는 제도라고 보는 지배적인 견해를 부적절할 뿐만 아니라 혼동을 야기하는 견해라고 규정한다.[255] 확정력과 법적 안정성을 동일하게 파악하는 입장을 반대하는 마이어의 첫 번째 논거는 경험적 성격을 갖고 있다. 즉 법적 평화가 법적 안정성의 구성부분이라는, 라드브루흐도 주장했던 견해[256]를 끌어

254) 주 248) 39면 이하.

255) 앞의 책, 39면. 이에 대한 비판으로는 Hanack, Zur Reform des Rechts der Wiederaufnahme des Verfahrens im Strafprozeß, JZ 1973, S. 394; Grünwald, Die materielle Rechtskraft im Strafverfahren der Bundesrepublik Deutschland, in: Jescheck(Hrsg.), Deutsche strafrechtliche Landesreferate zum IX. Internationalen Kongreß für Rechtsvergleichung Teheran 1974, Beiheft zur ZStW 1974, S. 103 ff.; Schöneborn, Strafprozessuale Wiederaufnahmeproblematik, 1980, S. 7 참고.

256) Radbruch, Rechtsphilosophie, § 9 S. 165. 법적 평화와 법적 안정성을 동일시하는 것에 대해 비판적인 입장으로는 Schmidhäuser, Zur Frage nach dem Ziel des Strafprozesses, in: FS für Eb. Schmidt, 1961, S. 516 ff. 참고.

들이면서 *마이어*는 오판의 확정력이 결코 법공동체의 안정에 기여하는 것이 될 수 없다는 점을 강조하며, 부정의에 대한 명백한 인식 또는 그에 대한 추정은 오히려 각 개인과 일반인의 규범신뢰를 불안정하게 만들 수 있다고 한다.[257]

그러한 가능성이 있다는 점에 대해서는 전혀 의문이 없지만, 그렇다고 해서 이러한 지적이 많은 내용을 담고 있는 것도 아니다. *마이어*의 이 반론이 제한적 의미밖에 갖지 않는다는 점은 실질적 확정력 및 오판의 확정력이 어디에 근거하고 있는가를 생각해 보면 금방 알 수 있다. 즉 오판을 감수하는 것은 모든 법질서에서 관찰되며,[258] 그 출발점은 바로 인간이 불완전하다는 사실(Faktum)이다. 만일 인간이 완전한 존재라면 형법 자체를 필요로 하지 않을 것이다. 최소한 법관만이라도 오류를 범하지 않는 완전한 존재라면, 상소제도나 실질적 확정력은 불필요할 것이다. 왜냐하면 법관이 내린 모든 판결은 정당할 것이며, 실질적 확정력과 형식적 확정력을 구분하는 것도 생각할 필요가 없을 것이기 때문이다. 그러나 인간의 인식능력은 오류를 범할 수 있으며, 더욱이 시간과 재화, 노동력이 제한되어 있기 때문에 인간의 재판은 항상 오판의 위험을 안고 있다.[259] 이러한 위험은 근원적인 것이어서 일정한 소송기술을 통해 감소시킬 수는 있지만, 완전히

---

257) 앞의 책, 39면.

258) J. Meyer, Die Wiederaufnahme des Strafverfahrens in rechtsvergleichender Darstellung, in: Jescheck/ders.(Hrsg.), Die Wiederaufnahme des Strafverfahrens im deutschen und ausländischen Recht, 1974, S. 734.

259) 실질적 확정력 또는 오판의 확정력의 문제와 관련하여 인간의 불완전성이 갖는 의미를 강조하고 있는 U. Neumann, Materiale und prozedurale Gerechtigkeit im Strafverfahren, ZStW 101 (1989), S. 64/65; Blomeyer(주 249), 409면; Eb. Schmidt, Deutsches Strafprozeßrecht, 1967, Nr. 334 S. 164 등 참고.

불식시킬 수는 없다. 설령 실질적 확정력이 존재하지 않고 끝없이 실질적으로 정당한 판결을 추구하는 소송법일지라도 그러한 위험을 완전히 배제할 수는 없다. 그러한 방식의 소송형태에서도 인간의 불완전성이라는 한계는 여전히 존재할 것이며, 따라서 끝없이 소송을 재개하는 것은 결코 정당한 판결에 도달했다고 기대할 수 있는 근거가 될 수 없을 것이다.[260)]

이처럼 오판의 문제가 안고 있는 원칙적 성격을 통찰한다면, 재심제도에서 법적 안정성과 확정력이 갖는 상관성의 성질도 명백히 밝혀진다. 양자의 상관성은 *마이어*의 반론에서처럼 경험적 이해의 대상이 아니라 규범적 이해의 대상이다. 물론 *마이어*와 같이 경험적 차원에 머무른다 할지라도, 정당한 판결에 대한 재심의 허용이나 부당한 재심결정으로 인해 규범신뢰에 동요가 발생할 수 있는 가능성을 지적[261)]함으로써 그의 반론을 다시 반박할 수 있다. 경험적으로 보면, 객관적으로 정당한 판결에서는 법적 안정성과 정의가 합치한다는 일반적인 주장마저도 절대적 타당성을 갖는 것은 아니다. 실질적으로 정당한 판결일지라도 상황에 따라서는 법적 평화를 수립하지 못할 수 있기 때문이다.[262)]

따라서 오판의 확정력과 법적 안정성 사이의 상관성은 오로지 규범적 사고에 기초한다. 이 점을 라드브루흐는 이미 정확히 인식하고 있었다. 그의 이론에서 설령 부당한 판결일지라도 확정력을 갖는다는 점을 정당화할 수 있는 근거는 오로지 가치이념으로서의 법적 안정성이었다.[263)] 물론 그의 논증 역시 정의에 대

260) Deml(주 247), 56/57면; Henkel, Strafverfahrensrecht, § 100 I S. 383/384; Grünwald(주 255), 104면 이하.

261) Hanack(주 255), 394면.

262) Deml(주 247), 55면.

263) Radbruch, Rechtsphilosophie, § 25 S. 278; ders., Vorschule der Rechtsphilosophie, § 9 S. 31.

한 추구가 갖는 실제적 한계를 근거로 삼고 있다는 점에서 다른 이론과 구별되지는 않는다. 그러나 라드브루흐는 실제적 한계 이외에 오판의 확정력을 감수할 수밖에 없는 두번째 근거를 형성하며, 정의에 대한 추구가 갖는 내재적 한계를 문제삼는 사상[264)]을 원용하고 있다. 즉 절차법은 실체법과는 별개의 독자적 가치를 갖는다는 사상이다.[265)] 라드브루흐에 따르면, 절차법이 실체법의 실현이라는 목적과는 별개의 독자성을 갖는다는 사실은 실체법이 국가의 목적활동과는 별개의 법칙성을 갖는다는 사실에 상응하는 결론이라고 한다. 법이 일단은 목적을 갖고 성립한 후 곧바로 그 목적으로부터 해방되는 것과 마찬가지로, 소송법도 일단은 실체법에 봉사해야 하지만 소송법이 독자적 효력을 갖게 되면 그것이 실체법의 실현에 봉사하는지 아니면 장애가 되는지에 관계없이 무조건 효력을 갖는다.[266)] 소송법 규범의 독자적 가치에 관한 라드브루흐의 사상은 오늘날의 법학에서 점차 형식적 정의 또는 절차적 정의라는 개념으로 논의되고 있다.[267)] 형사소송에 관한 논의의 핵심에는 형사소송법 가운데 실체형법의 프로그램을 차단하는 규정들, 특히 증거조사금지[보기: 독일 형사소송법 제52조(친족의

264) 이에 관해서는 예컨대 Deml(주 247), 56면 이하 참고.

265) Radbruch, Rechtsphilosophie, § 25 S. 277.

266) Radbruch, Rechtsphilosophie, § 25 S. 277; ders., Vorschule der Rechtsphilosophie, § 23 S. 62. 또한 이 점을 적절히 지적하고 있는 Hassemer, Einführung in die Grundlagen des Strafrechts, 2. Aufl. 1990, S. 119: 형사소송법은 실체형법의 '봉사자'이긴 하지만, 형사소송의 '지배자'이다. 이에 관해서는 또한 Matt, Die Gegenvorstellung im Strafverfahren, MDR 1992, S. 820 f. 참고.

267) 예컨대 Hoffmann, Verfahrensgerechtigkeit, 1991, S. 27 ff. und Passim; Bottke, Materielle und formelle Verfahrensgerechtigkeit im demokratischen Rechtsstaat, 1991, S.v33 ff. 또한 형사소송과 관련해서는 U. Neumann(주 259), 52면 이하; Geerds, Strafrechtspflege und prozessuale Gerechtigkeit, in: SchlHA 1964, S. 57 ff.; 민사소송과 관련해서는 Henckel, Vom Gerechtigkeitswert verfahrensrechtlicher Normen, 1966 참고.

증언거부권), 제53조(직업상 비밀준수자의 증언거부), 제136조a 제1항(고문 등의 신문방법의 금지)과 제2항(피고인의 기억력 또는 통찰력을 침해하는 신문방법의 금지)]와 증거사용금지[보기: 독일 형사소송법 제136조a 제3항 제2문(금지된 신문방법으로 획득된 내용의 증거사용금지), 제252조(증언거부권을 행사한 피고인이 공판절차 이전에 행한 진술의 낭독금지) 및 기본권보장에 따른 증거사용금지(보기: 피고의 극히 사적인 영역에 속하는 일기장을 증거로 사용하는 것은 인격권에 대한 침해가 된다)]에 관한 규정들이 자리잡고 있다. 연방재판소도 형사소송법이 어떠한 대가를 치루더라도 진실을 탐구하도록 강요하지는 않는다고 밝힘으로써, 소송에 특수한 정의(prozeßspezifische Gerechtigkeit)라는 이념과 연결되어 있다.[268] 증거조사 및 증거사용금지의 맥락에서 표현되는 이러한 명제가 갖는 의미는 오판의 확정력의 문제에 그대로 원용할 수 있다.[269] 시간의 제약이 없는 무제한의 진실추구는 단순히 현실적 한계에만 부딪히는 것이 아니다. 소송이념 자체도 정의를 무한정 추구하는 것을 요구하지 않는다. 끝이 없는 진실탐구는 권리보호제도로서의 소송의 기능을 마비시키고, 따라서 개인이나 공동체로부터 정의에 대한 추구가 갖는 가치마저도 박탈하게 될 것이다.[270] 소송법의 목표로서의 정의의 실현은 결코 절대적 정의의 확보가 아니라, 단순히 시간의 제약 속에서 인간으로서 가능한 정의를 추구하는 것을 의미할 뿐이다.[271] 절대적 정의에 관한 사고는 종교의 영역에 속할지언정, 법의 영역은 아니다. 시간의 제약을 받는 정의추구는 실질적 확정력을 전제하

268) BGHSt 14, 358(365); 31, 304(309).

269) 이에 관해서는 Geerds(주 267), 65면 및 Deml(주 247), 56면 이하 참고.

270) Deml, ebenda.

271) Eb. Schmidt, Materielle Rechtskraft — Materielle Gerechtigkeit, JZ 1968, S. 681; Gilles, Verfahrensfunktionen und Legitimationsprobleme richterlicher Entscheidungen im Zivilprozeß, in: FS für Schiedermair, 1976, S. 197 ff.

며, 그 대가로 확정력을 갖는 오판을 감수할 수밖에 없는 것이다.

이러한 관점에서 볼 때, 법적 안정성이 라드브루흐 법이념론에서 갖는 기능은 오판의 확정력의 문제에서도 그대로 반복되고 있음을 어렵지 않게 알 수 있다. 즉 법이념론에서와 마찬가지로 법적 안정성의 정당성은 정의의 결핍에서 도출된다. 다시 말해서 정의에 대한 추구가 갖는 외재적 및 내재적 한계로 인해 더 이상 정당한 결정을 유보할 수 없는 시점, 즉 판결이 확정되어 안정성을 가져야 하는 시점이 요구된다. 법이념론에서 그렇듯이, 이 경우에도 법적 안정성과 불법적 안정성 사이의 구별은 희미해진다. 즉 법적 안정성을 근거로 부정당한 판결도 그 효력의 정당성을 인정받게 된다면, 법적 안정성은 불법적 안정성을 의미한다. 물론 형사소송의 재심제도는 법적 안정성과 불법적 안정성이 뒤엉키지 않도록 중대한 제한장치를 마련해야 한다. 지금까지 확정력을 갖는 오판의 문제를 법적 안정성과 실질적 정의가 대립하는 긴장관계 속에서 다루었다면, 이는 이미 하나의 판결이 오판이라는 점을 전제한 것이다. 그러나 형사소송법 제359조 제5호에 따라 이미 유죄판결을 받은 자에게 유리한 새로운 사실이나 증거수단이 제출된 경우처럼 실무에서 가장 중요하게 여겨지는 재심사유에서도 판결이 오판이었다는 전제는 존재하지 않는다. 확정력과 소송목적 사이의 갈등에 관한 문제에는 확정력을 갖는 개개의 판결이 과연 오판인가 아닌가 하는 불확실한 문제까지 겹쳐 있기 마련이다.[272] 따라서 확정력을 갖는 형사판결에 대해서는 단순히 재심의 가능성이 있을 수 있다는 의심만이 존재할 뿐이다. 법적 안정성과 불법적 안정성이 뒤엉키는 상황은 결코 현재적이 아니라 잠재적일 뿐이다. 다시 말해서 확정력을 갖는 형사판결은 일단 반

---

272) Hanack(주 255), 394면. 또한 Grünwald(주 255), 104면 이하 참고.

박의 여지가 있는 정당성추정을 받고,[273] 그 결과 형사소송의 근본원칙인 무죄추정(Unschuldvermutung)이 재심절차에서는 유죄추정으로 전환한다. 따라서 형사소송법의 재심제도에서도 법적 안정성이 제한적 우위를 갖는다는 사실은 법이념론적 근거 이외에 이러한 잠재성과 원칙의 전환이라는 재심제도의 특수성에서 그 근거를 찾아볼 수 있다.

확정력과 법적 안정성을 동일시하는 것에 대한 *마이어*의 두 번째 반론[274]은 법적 안정성에 내재하는 '이중성'(Ambivalenz)에 초점을 맞추고 있다.[275] 즉 법적 안정성이 확정력과 재심 모두를 정당화한다는 점에서 이중성이 표현된다는 것이다. *마이어*에 따르면, 실질적으로 정당하고 또한 소송규칙에 부합할 때에만 유죄판결이 선고될 수 있기 때문에, 하나의 판결이 절차의 사법형식성(Justizförmigkeit)을 위반하여 실질적으로는 부정당하지 않을지라도, 절차적으로 부정당한 경우에 재심이 허용되는 것은 바로 법적 안정성의 요구라는 것이다.[276]

형사소송법의 입법자가 재심사유를, 적어도 숫자상의 비율에 비추어 볼 때, 주로 중대한 절차적 흠결에 연결시켰다(독일 형사소송법 제359조 제1-3호, 제362조 제1-3호)는 점은 *마이어*의 지적이 옳다. 그러나 *마이어*가 이러한 사정을 법적 안정성에 기인한다고 보고, 이를 절차적 부정의에 관한 문제로 해석한다면, 이는 절차적 정의라는 개념을 법적 안정성의 원칙과 혼동한 것이다. 실질

273) 앞의 23면 참고.

274) 법원의 권위와 관련된 *마이어*의 설명(주 248, 39/40면)은 여기서 다루지 않겠다. 왜냐하면 법원의 권위는 법적 안정성의 개념적 요소가 아니라, 단순히 법적 안정성의 반영에 지나지 않기 때문이다.

275) Ebenda, S. 40.

276) Ebenda. 이와 유사한 사고는 이미 Peters, Fehlerquellen im Strafprozeß, 3. Band: Wiederaufnahme, 1974, S. 32 ff.에도 드러나 있다.

적 정의와는 별개의, 절차 특유의 정의에 대한 문제는 법적 안정성의 실현과 같은 의미를 갖지 않는다. 일단 이 문제는 접어두도록 하자.[277] *마이어*의 비판이 갖는 문제점은 다른 곳에 있기 때문이다. *마이어*가 '이중성'이라는 표현으로 말하고 있는 내용은 중대한 절차상의 흠결이 있을 때의 재심가능성에 관한 것이 아니라, 법적 안정성과 실질적 정의가 개념적으로 중첩된다는 사실이며, 바로 그 때문에 확정력과 재심 사이의 대립에 대한 상반된 해석이 이루어진다.

여러 가지 해석의 가능성은 이미 라드브루흐의 이론에서도 분명하게 나타나 있다. 만일 다수의 문헌이 주장하는 견해[278]에 따라 법적 안정성을 실현의 안정성(Realisierungssicherheit), 즉 실체법과 절차법이 실현되는 안정성으로 이해한다면, 법적 안정성과 실질적 정의는 같은 지점에 귀착된다. 라드브루흐는 이 점을 정확하게 인식하고 있었고, 확정력을 갖는 오판의 무효성과 관련하여 확정력와 소송목적 사이의 갈등을 철저히 법적 안정성 내부에서의 갈등으로 서술했다.[279] 따라서 확정력과 재심 사이의 갈등은 법적 안정성이 자기 자신과 빚는 갈등으로 해석할 수 있다. 하지만 이와는 전혀 다른 해석도 가능하다. 즉 라드브루흐의 법이념론과 같이 법적 안정성을 법이념의 한 요소이자 넓은 의미의 정의가 요구하는 것으로 파악[280]한다면, 확정력과 재심 사이의 긴장은 정의가 자기자신과 빚는 갈등으로 여겨진다.[281]

---

277) 재심사유와 절차적 정의의 관계에 관해서는 U. Neumann(주 259), 56면 이하.

278) *가이거*의 이론(Geiger, Vorstudien zu einer Soziologie des Rechts, 4. Aufl. 1987, S. 65)에 연결되어 있는 Henkel, Einführung in die Rechtsphilosophie, § 35 S. 441; Zippelius, Das Wesen des Rechts, 3. Aufl. 1973, S. 125 참고.

279) Radbruch, Rechtsphilosophie, § 25 S. 279.

280) 앞의 주 47) 참고.

법적 안정성과 (실질적) 정의 사이에 개념적 중첩이 존재한다는 점은 사실 부정할 수 없다. 이러한 중첩은 두 원칙에 공통되는 평등사상에 기인한다. 그렇긴 하지만, 과연 그러한 개념적 중첩이 진정으로 중요한 의미가 있는지, 라드브루흐 공식에 포함된 문제인식은 앞에서 서술한 해석가능성보다 정의와 법적 안정성 사이의 구별에 우선적 의미를 부여하고 있는 것은 아닌지를 진지하게 검토할 필요가 있다. 정의와 법적 안정성의 차이는 정의만이 단순한 법적 개념범주의 차원을 넘어 특수한 윤리적 의미차원을 갖고 있다는 점에 있다.[282] 정당한 결정이라는 소송목적이 단순히 실체법의 실현과 동일한 것이라면,[283] 정의와 법적 안정성 사이의 이러한 차이가 갖는 의미는 오히려 당황스러운 것일지도 모른다. 그러나 법질서의 개념이 역사적으로 우연한 상황을 반영하는 것에서 끝나지는 않는다. 법질서 그 자체가 자기목적인 것은 아니다. 모든 법질서는 각 사회의 입장에 따라 정당한 질서를 형성하려는 욕구를 갖고 있다. 이와 마찬가지로 정의를 소송목적이라고 말할 때에는 실체법의 실현 자체가 정당한 것이라는 사고가 깔려 있다.[284] 소송이념에 포함된 이러한 법윤리적 의미는 —비록 현실적으로는 아무런 효력이 없다고 할지라도— 오로지 법적 안정성에 지향된 해석만으로는 밝혀질 수 없다. 질서를 위한 질서도 일정한 기능을 갖고 있긴 하지만, 그것만으로는 질서의 정치적·윤리적 기초를 설명할 수 없다. 정의와 법적 안정성을 구별

281) 앞의 18면 이하 참고.

282) Henkel, Einführung in die Rechtsphilosophie, § 32 S. 395 참고.

283) U. Neumann(주 259), 52면.

284) 따라서 정의개념이 포괄하는 범위는 실정법의 척도에 따른 정의를 의미하는 합법성, 초법률적 법이념으로서의 정의 및 윤리의 근본원칙으로서의 정의에 이르기까지 다양한 스펙트럼을 갖고 있다. 정의개념의 이러한 다양한 의미에 관해서는 Radbruch, Vorschule der Rechtsphilosophie, § 7 S. 24와 특히 Nef, Gleichheit und Gerechtigkeit, 1941, S. 55 ff.(*네프*는 종교적 의미의 정의까지 포함시키고 있다) 참고.

하는 두 번째 중요한 의미는 법과 권력의 결합 및 그에 따라 법과 불법의 구별이 사라질 위험에 관련된다. 법과 불법의 구별이 사라질 위험은 법적 안정성의 개념 자체에 근원적으로 자리잡고 있다.[285] 이에 반해 정의는 그러한 위험성을 내포하지 않는다. 그러한 위험이 상존한다는 점은 불법국가나 확정력을 갖는 오판의 예에서 분명하게 알 수 있다. 따라서 오판의 문제를 정의와 정의 사이의 갈등으로 해석하는 것은 법과 불법의 구별이 사라질 수 있는 가능성을 은폐하는 것일 수도 있다. 셋째, 법적 안정성의 요소인 법실현의 안정성은 일차적으로 평등한 법률적용에 대한 시민들의 일반적 기대를 뜻한다는 사실이다.[286] 이에 반해 확정력을 갖는 오판과 같이, 잘못된 법에 대항하여 진정한 법을 관철해야 할 것인가를 묻게 될 때에는 언제나 개별사례가 문제된다. 따라서 이러한 개별사례의 개별성을 해결하기 위해서는 형평(Billigkeit)이라는 정의의 한 요소가 더 적합하다.[287]

끝으로 재심과 정의의 상관성에 대한 *마이어*의 비판 역시 설득력이 없다. *마이어*는 피고에게 불리한 재심이 제한 또는 배제된다는 모든 법질서에 공통된 사실을 들어 정의와 재심 사이의 상관성을 부정한다.[288] 이러한 제한에 비추어 볼 때, 입법자는 피고에게 유리한 재심과는 달리, 피고에게 불리한 재심의 경우에는 법적 안정성을 정의에 우선시키고 있음에 틀림없다고 주장한다.[289] 그러나 *마이어*가 말하는 상황이 왜 재심과 정의의 상관성

285) Radbruch, Vorschule der Rechtsphilosophie, § 9 S. 30/31.

286) Henkel, Einführung in die Rechtsphilosophie, § 35 S. 441.

287) Rümelin, Die Rechtssicherheit, 1924, S. 5 ff. 개별사례의 정의로서의 형평의 의미에 관해서는 특히 Henkel, Einführung in die Rechtsphilosophie, § 33 S. 419 ff. 참고.

288) J. Meyer(주 248), 40면.

289) Ebenda. 여기서 *마이어*는 Peters, Fehlerquellen im Strafprozeß, S. 33을 인용하고 있다.

을 부정하는 논거가 되는지를 알 수 없다. 두 가지 경우의 재심제도를 서로 다르게 형성한 것은 결코 개념에 따른 문제가 아니라, 정의를 재심제도에 특수한 사정에 맞게 구체화하는 문제일 뿐이다. *마이어*는 전반적으로 개념비판을 자신의 논의의 중심으로 삼고 있지 않다.[290] *마이어*는 단순히 정의와 법적 안정성의 비교형량(Abwägung)만으로는 재심에 관한 올바른 사고를 전개하는 데 불충분하다는 자신의 과장된 주장을 근거짓기 위해 개념비판을 이용할 뿐이다.[291] 이러한 주장 —이에 대해서는 나중에 다시 논의를 하겠다[292]— 은, 설령 타당한 것일지라도 우리의 문제제기와는 무관하다. 이 주장은 *마이어* 자신의 개념비판의 근거가 되지 못할 뿐만 아니라, 라드브루흐 공식이 전제하고 있는 해석을 포기하게 만들지도 않는다. 근본적인 원칙들을 구체화하는 데 한계가 있다는 사실 때문에 그러한 개념 자체가 불필요하다고 말할 수는 없다. 원칙의 근거설정의 차원과 이를 적용하는 차원을 대립적으로 파악할 이유는 어디에도 없다. 결론적으로 형사소송의 재심제도에서 확정력과 법적 안정성의 상관성 및 소송목적과 정의의 상관성은 당연히 전제되어야 한다.

bb) 확정력과 소송목적의 갈등

라드브루흐 공식을 확정력을 갖는 오판의 문제에 적용하는 것은 확정력이 (실질적) 정의라는 소송목적과 충돌한다는 점을 전제로 한다. 이러한 전제의 바탕에는 실체법과 절차법이 원칙적으로 긴장관계에 있다는 사고가 깔려 있다. 그러한 긴장관계는 두

---

290) 이 점은 *마이어*가 동조하는 입장으로 서술하고 있고, 개념상의 문제를 다루지 않고 있는 *하낙*(Hanack)의 견해를 보더라도 그렇다. *하낙*은 재심제도에서는 원칙들에 대한 이론적·추상적 고려가 아니라, 오판의 존재 여부가 구체적으로 불확실하다는 점이 문제라고 한다(주 255, 394면).

291) Ebenda, S. 37/38, 41.

292) 아래의 112면 이하.

'법질서'가 각각 독자적 길을 걷고, 따라서 항상 양자를 조화시킬 수는 없다는 사실에서 표현된다. 실체법과 절차법이 불일치할 가능성이 언제나 존재한다는 사실은 그러한 불일치가 가장 첨예하게 드러나는 제도인 실질적 확정력에 관한 이론뿐만 아니라, 소송목적론에서도 여러 가지 결론을 도출하게 만든다. 그렇기 때문에 라드브루흐 공식이 이 문제와 관련하여 주장되는 모든 견해에 부합하는 것은 아니다. 특히 라드브루흐 공식은, 오판의 의미를 '완화'하고 대립을 상대화하는 조화주의적 입장과는 엄격히 구별된다.

오판의 존재를 '부정'하려는 학설사 가운데 확정력에 관한 *파겐슈테히어*(Pagenstecher)의 이론은 그 엄격성 때문에 특별한 위치를 차지한다.[293] *파겐슈테히어*는 판결이 진리에 따르지 않는 경우를 배제할 수 없다면, 진리가 판결에 따라야 한다고 주장한다. '법관이 선고한 내용이 진리가 아니라면, 법관이 (진리로) 선고한 내용이 진리가 된다.'[294] *파겐슈테히어*의 이론은 '진리에 대한 모독'[295] 또는 '억지논리'[296]라는 낙인이 찍혔다. 사실 법은 진리가 아닌 것을 진리로 만들어낼 수 있는 능력이 없다. 무엇이 진리인가를 결정하는 것은 법이 아니라, 사실이다. 진리는 법학에 허용되어 있는 의제(擬制, Fiktion)의 영역과는 거리가 멀다. 확정력에 관한 실체법설, 즉 확정판결에 실체법적 상태에 대한 형성력을 부여하는 입장[297]에 있는 학자들 대부분에 대해서도 유사한 반론

293) 오판을 부정하는 학설사에 관한 자세한 서술로는 Schumann, Fehlurteil und Rechtskraft, in: FS für Bötticher, 1969, S. 289 ff. 참고.

294) Pagenstecher, Zur Lehre von der materiellen Rechtskraft, 1905, S. 305.

295) Goldschmidt, Der Prozeß als Rechtslage, 1925, S. 188.

296) Niese, Doppelfunktionelle Prozeßhandlungen, 1950, S. 110 ff.(111).

297) 예컨대 Kohler, Der Prozeß als Rechtsverhältnis, 1888, S. 111 ff.; Birkmeyer, Deutsches Strafprozeßrecht, 1898, S. 680.

을 제기할 수 있다. 형법에서 범죄행위 이외에 확정력을 갖는 오판도 국가의 형벌권행사의 근거가 된다는 그들의 결론은 인정할 수 없다. 오판의 문제점은 단순히 실체법과 절차법, 확정력과 소송목적의 통일성을 의제함으로써 사라지지 않는다. 법이 판결에 따르는 것이 아니라, 판결이 법에 따르는 것이기 때문이다. 설령 확정력이 판결에 효력을 부여할지라도, 불법이 법이 되지는 않는다. 오로지 실체법만이 무엇이 법이고 무엇이 정당한 것인가를 결정한다.[298] 물론 그렇다고 해서 확정력이 어떠한 '실체적' 작용도 갖지 않는다는, 확정력에 관한 순수한 소송법설이 타당하다는 것은 아니다. 오늘날의 형법학에서는 실체법설을 부정하는 것이 일반적이다.[299] 이와는 달리 특히 민법학에서는 오판을 인정하면서 실질적 확정력이나 실체법과 절차법의 불일치가능성과 관련해서는 판결로 선고된 법률효과의 구속력이 반박불가능한 추정력을 갖는다는 정도의 '실질적' 의미만을 부여하는 견해[300]가 강력히 주장되고 있다. 이 견해는 라드브루흐 공식이 전제하고 있는 갈등해결모델과 일치한다.

오판과 관련하여 주로 형사소송법 문헌에서 주장되는 견해, 즉 (실질적) 정의 이외에 절차의 사법형식성 또는 법적 평화나 법적 안정성 등을 별개의 소송목적으로 파악하는 견해[301] 또한 문제

---

298) BGHZ 3, 82(85); Schumann(주 293), 308면 이하; Henkel, Strafverfahrensrecht, § 100 III S.385; U. Neumann(주 259), 64면.

299) Roxin, Strafverfahrensrecht, § 50 Rz 9.

300) Pohle, Gedanken über das Wesen der Rechtskraft, in: GedS für Calamandrei, 1958, 2. Band, S. 377 ff.(388, 392 ff.). *폴레*의 입장을 따르는 Blomeyer(주 249), 409면; Stein/Jonas-Leipold, ZPO, § 322 Rz 34 ff.(38). 확정력의 파기가능성과 관련해서는 제한적으로 반박불가능한 추정을 인정할 수 있다.

301) *록신*(Roxin, Strafverfahrensrecht, S. 2)에 따르면 형사소송의 목적은 "피고인의 가벌성에 대한 1) 실질적으로 정당하고, 2) 소송법규정에 따라 성립되고, 3) 법적 평화를 보장하는 결정"이라고 한다. 동일한 취지

가 있다. 물론 이러한 소송목적론이 오판의 가능성을 '배제'하지 않을 뿐만 아니라 형사소송법에 내재하는 근원적인 긴장관계를 표현하고 있고, 더욱이 하나의 갈등해결모델에서 출발하고 있다는 점에서는 인정가치가 있다.[302] 그러나 소송의 목표를 이중 또는 삼중으로 파악함으로써 오판의 문제를 상대화할 가능성을 배제할 수 없다. 소송의 성질로부터 소송의 목적을 추론[303]하거나 소송의 목적을 소송의 결과(법적 평화)로부터 규정[304]하는 것의 방법적 문제점은 차치하더라도, 소송의 목적을 여러 가지로 파악하게 되면, 확정력을 갖는 오판도 소송의 목적 가운데 하나 또는 두 가지의 목표를 달성했다고 말할 수 있게 된다.[305] 그리하여 확정력을 갖는 오판을 정당화하는 문제는 소송목적들 상호간의 대립의 차원으로 옮겨 간다. 그러나 이러한 차원에서는 확정력을 갖는 오판도 소송목적을 충족하기 때문에, 정당화의 문제는 더 이상 첨예하게 제기될 수 없다. 그렇기 때문에 확정력을 갖는 오판에서 실체법과 절차법, 확정력과 소송목적이 분리된다는 점을 명백히 밝히는 것은 혼동과 기만을 피하기 위해서도 반드시 필요하

의 KK-Pfeiffer, Einl. Rz 2 참고. LR-Gössel, StPO, Vor § 359 Rz 5, 10은 정의와 법적 안정성을 형사소송의 목적으로 본다. 이에 반해 Schmidhäuser (주 256), 521면; Kleinknecht/Meyer-Goßner, Einl. Rz 4는 법적 평화를 형사소송의 유일한 또는 핵심적 목표로 파악한다. 민법에도 이와 동일한 취지에 있는 전통적 이론이 있다. 예컨대 Gaul, Die Grundlagen des Wiederaufnahmerechts und die Ausdehnung der Wiederaufnahmegründe, 1956, S. 60 ff. 참고.

302) 예컨대 Roxin, Strafverfahrensrecht, S. 2 ff.; LR-Gössel, StPO, Vor § 359, Rz 11 ff. 참고. 이와는 달리 *슈미트호이저*는 정의와 법적 안정성의 모순을 인정하면서도 이러한 모순이 법적 평화라는 '고도의' 이념을 통해 지양된다고 본다(Schmidhäuser, Zur Frage nach dem Ziel des Strafprozesses, in: FS für Eb. Schmidt, 1961, S. 516 ff.).

303) U. Neumann(주 259), 61면; ders., Funktionale Wahrheit im Strafverfahren, in: FS für Arthur Kaufmann zum 65. Geburtstag, 1989, S. 77.

304) Gaul(주 301), 61면; Rosenberg/Schwab(주 250), § 1Ⅲ 3 S. 3.

305) 같은 취지의 U. Neumann(주 259), 64면 참고.

다.[306] 형사소송을 관통하고 있는 이러한 대립은 명백하게 인식되어야 한다. 즉 확정력을 갖는 오판은 어떠한 측면에서도 소송목적을 달성하지 못하며, 또 다른 소송목적을 산출해야 하는 예외적 사례에 속하지도 않는다.[307] 설령 오판을 감수할 수밖에 없는 근거를 법적 안정성이라는 법가치에서 찾는다 할지라도, 확정력을 갖는 오판이 소송목적에 반한다는 사실에는 변함이 없다.

b) 참을 수 없는 부정의: 확정력의 한계

라드브루흐 공식에 따르면 실질적 확정력은 (실질적) 정의라는 소송목적에 비해 단지 상대적 우위를 가질 뿐이다. 즉 확정력을 갖는 판결이 참을 수 없을 정도로 정의에 모순되어, '부정당한 법'으로서의 이 판결이 정의에게 자리를 내주어야 하는 경우가 존재한다는 것이다.[308] 따라서 오판의 확정력이라는 문제와 관련하여 라드브루흐 공식은 두 가지 관점에서 중요한 의미가 있다. 첫째, 법적 안정성에 상대적 우위만을 인정함으로써 확정력의 효력범위가 제한된다는 모든 소송법에 타당한 원칙에 대해 법철학적 근거를 제시한다. 둘째, 라드브루흐 공식은 참을 수 없는 부정의라는 개념을 통해 확정력의 한계를 설정하는 기준선을 마련한다. 물론 '참을 수 없음'이라는 기준은 각 문제영역의 실질적 내

306) 명확성에 대한 요구를 제기하고 있는 Eb. Schmidt, Lehrkommentar zur Strafprozeßordnung, Teil I, 2. Aufl. 1964, S. 166 참고. 또한 Hassemer, Die "Funktionstüchtigkeit der Strafrechtspflege" — ein neuer Rechtsbegriff?, StV 1982, S. 277 참고.

307) Stock, Das Ziel des Strafverfahrens, in: Mezger-FS, 1954, S. 449 ff. (451/452); Gaul(주 301), 64/65면.

308) Radbruch, Grundzüge der Rechtsphilosophie, S. 175/176; "아마도 지금까지의 서술을 마치 모든 '악법', 즉 모든 부정당한 법이 타당하다는 의미로 해석하는 사람은 없을 것이다. 법률이나 판결과 같은 실정적인 것에 무조건적 타당성을 인정하는 것, 경험적으로 존재하는 것 모두를 절대화하는 것, 인간이 만들어내는 것의 완벽성을 믿는 그러한 맹목은 가치철학의 어느 곳에서도 찾아볼 수 없다."

용에 근접한 원칙에 따라 구체적으로 규정되어야 하고, 공식이 어떠한 기여를 하는가는 각 문제영역의 특수성에 따라 달라질 수 있다. 아래에서는 공식이 갖는 이러한 두가지 의미를 앞에서 '공식의 직접적 영향을 받은' 문제영역으로 서술했던,[309] 형사판결의 무효에 관한 학설과 형사소송의 재심제도를 보기로 들어 구체적으로 서술하겠다.

> 이 두 가지 문제를 확정력의 한계라는 공통된 표제 아래 논의한다고 해서 양자 사이에 존재하는 소송상의 중요한 차이점을 무시하는 것은 아니다. 즉 무효판결은 어떠한 법적 효력도 없고, 따라서 확정력 자체를 갖지 않는 반면,[310] 재심절차는 일단 확정력을 갖고 단지 재심사유가 존재함으로써 그 확정력이 사후적으로 소멸 또는 정지되는 판결을 대상으로 한다. 이러한 차이점에도 불구하고 두 가지 문제를 정의와 법적 안정성의 갈등이라는 관점에서 함께 고찰하는 데에는 아무런 문제가 없다. 확정력을 갖는 판결에 대해 재심이 허용된 경우든, 판결이 처음부터 준수될 수 없는 경우이든 확정력의 효력범위의 제한성이라는 측면에서는 공통된 논의대상이 되기 때문이다.

aa) 형사판결의 무효에 관한 학설

형사판결의 무효에 관한 학설은 예나 지금이나 상당한 논란의 대상이다. 무효판결의 가능성을 부정하는 입장은 언제나 이 문제에 대해 입법자가 침묵하고 있다는 사실과 형사소송법의 권

---

309) 77면 이하.

310) 또한 판결의 무효와 판결의 부존재(Nichturteil)도 구별된다. 후자는 정규법원의 결정이 아니라, 단순히 법관의 자격을 갖지 않는 자에 의한 자의적 행위에 불과한 경우를 말한다(용어상의 구별에 관해서는 Peters, Strafprozeß, § 55 I S. 519; Schäfer, Strafprozeßrecht, Einl. Kap. 16 Rz 1 Fn. 1 참고). 이 구별이 실제로 어떠한 의미를 갖는가에 관해서는 Spendel, Mord durch ein "Standgericht", JuS 1988, S. 856 ff. 참고.

리구제체계, 특히 판결이 절차상의 중대한 하자가 있을 때 판결을 사후적으로 취소할 수 있는 재심제도를 근거로 삼는다.[311] 이밖에도 형사판결의 무효를 인정하여 한 판결이 무효라면, 당연히 공소권 또한 소멸되지 않는 것이 되어, 결국은 피고인에게 불리한 새로운 유죄판결이 허용되기 때문에 일사부재리 원칙(ne bis in idem-Verbot)을 위반한다는 비판이 있다.[312] 또한 형사판결의 무효에 관한 학설은 준수해야 할 판결과 그렇지 않은 판결 사이의 명백한 구별기준을 제시하지 못한다[313]거나 법치국가에서는 아무런 실제적 의미가 없다[314]는 비판도 있다.

이러한 비판들을 엄밀히 검토해 보면, 판결의 무효를 인정하더라도 형식적으로 일사부재리 원칙에 대한 어떠한 위반도 발생하지 않는다는 점이 확인된다. 즉 기본법 제103조 제3항(일사부재리 원칙)이 갖는 차단작용(Sperrwirkung)은 오로지 확정력을 갖는 형사판결에만 해당할 뿐, 절차적으로 준수될 필요가 없는 무효판결은 그러한 차단작용에 어떠한 영향도 미치지 않는다.[315] 물론 문제는 과연 무효인 형사판결과 단순히 취소할 수 있는 형사판결을 구별하는 것이 의미가 있는가 하는 것이다. 그러나 이 문제에 대한 대답은 원칙적으로 형사소송의 차원에서 이루어질 수 없다. 라드브루흐가 특정한 실체법적 또는 절차법적 하자를 근거로 확정력을 갖는 판결이 절대적 무효가 될 수 있다는 사상을 법률적 불법의 문제와 유사한 구조를 갖는 실정법 내재적 문제로 해석한

311) Sarstedt, JR 1955, S. 351 ff.; Grünwald, Die Frage der Nichtigkeit von Strafurteilen, ZStW 76(1964), S. 255 ff.; ders.(주 255), 124면 이하; 또한 Peters, Strafprozeß, § 55 S. 519에 언급되어 있는 입장들을 참고.

312) Grünwald, Die Frage der Nichtigkeit von Strafurteilen, S. 256/257, 262.

313) Ebenda, S. 260 ff.; Rüping, Das Strafverfahren, 2. Aufl. 1983, S. 156.

314) Kleinknecht/Meyer-Goßner, Einl. Rz 105.

315) KMR-Sax, StPO, Einl. X Rz 9.

것은, 이러한 문제가 소송법의 차원에서 해결될 수 없다는 사정을 잘 알고 있었기 때문이다.[316] 형사판결의 무효는 단순히 형사소송법의 주제에 그치는 것이 아니라, 무효인 국가행위(Staatsakt)의 한 경우로서 하자 있는 국가행위라는 일반적 문제영역에 속한다.[317] 이러한 문제영역에서는 더 이상 국가행위라고 말할 수 없고 따라서 특수한 법적 작용 자체가 없다고 할 정도로 중대한 하자가 있는 경우를 그 대상으로 한다. 그렇기 때문에 형사판결의 무효에 관한 문제는 단순히 현행 형사소송법에 따라 판단할 수 없다. 이와 관련해서는 국가의 사법보장의무(staatliche Justizgewährungspflicht)의 내용 및 그 범위에 대한 논의가 중요하다.[318] 그렇기 때문에 입법자의 침묵이나 재심제도의 존재는 결코 형사판결의 무효에 관한 학설을 비판하는 원칙적 근거가 될 수 없다.

다른 한편 형사판결의 무효와 형사소송법의 재심제도 사이에 실질적으로 밀접한 연관성이 있다는 점은 부인할 수 없다. 이 점은 비교법적 고찰을 통해서도 드러난다. 즉 외국의 형사소송법은 대부분 형사판결의 무효에 관한 독일의 학설에서 가장 중요한 사례집단을 형성하는, 유죄판결의 중복[319] 또는 법률상 허용되지 않는 형벌의 부과[320] 등의 문제를 재심절차를 통해 해결하도록 규율하고 있다.[321] 무효판결과 재심은 아주 밀접한 상관성을 갖고

---

316) 주 141) 참고.

317) Peters, Strafprozeß, § 55 S. 519; KMR-Sax, Fn. 315. 하자 있는 국가행위 일반에 관해서는 E. v. Hippel, Untersuchungen zum Problem des fehlerhaften Staatsakts, 2. Aufl. 1960, S. 105 ff.(107) 참고.

318) 이러한 측면에 관해서는 KMR-Sax, Fn. 315 참고.

319) 중복된 유죄판결의 경우 나중에 내려진 판결이 무효인가에 대해서는 논란이 많다. 이에 관해서는 Kleinknecht/Meyer-Goßner, Einl. Rz 107 참고.

320) 이에 관해서는 Schäfer, Einl. Kap. 16 Rz 11 참고.

321) J. Meyer(주 248), 53면.

있어서, 한 제도의 범위가 다른 한 제도의 범위에 의해 규정된다. 입법론적으로 볼 때, 오늘날 무효와 관련된 문제로 다루어지는 사례들을 현행법의 해석을 통해 해결할 수 없는 한,[322] 이를 재심제도에 포함시키는 방법도 충분히 생각해 볼 수 있다. 이러한 방법은 판결의 무효를 공시[323]하는 문제를 해결할 수 있을 뿐만 아니라, 무효판결과 취소가능한 판결을 구별하는 어려움도 해소할 수 있을 것이다. 사실 형사판결의 무효에 관한 학설이 가장 어려움을 겪는 실제적 문제도 재심사유와 판결의 무효를 구별하는 문제이다(무효판결의 가능성을 부정하는 입장은 당연히 이 문제를 쟁점으로 삼는다). 이 문제와 관련해서는 라드브루흐 공식도 조그만한 도움밖에 되지 않는다. 이는 공식의 핵심적 요소인 '참을 수 없음'에 초점을 맞추어 보면 분명히 알 수 있다. 예컨대 관할권이 없는 법원에 의한 판결(판결의 무효로 인정되는 사례[324])이 무죄에 대한 유죄판결(단순히 취소가능한 사례)보다 더 참을 수 없는 부정의라고 주장할 수는 없다.[325] 하지만 '참을 수 없음-테제'가 부정당한 법의 효력문제와 관련하여 무엇이 명백한 불법인가를 밝히는 근거가 되듯이,[326] 판결의 무효에 관한 학설에서도 상식적인 판단에 비추어 그 하자가 너무나도 명백할 정도로 중대해야 한다는 점이 판결무효의 요건이 된다.[327] 이에 반해 재심에서는 그러한 명백성(Evidenz)이 커다란 비중을 차지하지 않는다. 예컨대 실제로

---

322) 이에 관해서는 예컨대 Schäfer, Einl. Kap. 16 Rz 24 ff. 참고.

323) 무효판결의 공시가 무효판결의 가능성을 부정하는 근거가 될 수는 없다. 물론 무효판결은 그 개념정의상 별도의 파기행위를 필요로 하지 않는다. 하지만 현실적으로 법적 안정성을 위해 판결의 무효를 선고하고 이를 확인하는 것이 바람직할 것이다.

324) Schäfer, Einl. Kap. 16 Rz 3.

325) Sarstedt(주 311), 352면; Grünwald, Die Frage der Nichtigkeit von Strafurteilen, S. 257 ff.

326) 앞의 34면 참고.

327) 앞의 80면 주 246) 참고.

가장 중요한 재심사유로 인정되는 형사소송법 제359조 제5호(새로운 사실이나 증거방법의 제시)에 관련된 사례에서는 명백성이 어떤 의미를 갖지는 않는다. 이 경우에는 오판의 존재여부에 관하여 재심을 통해 밝혀야 하는 통상의 불확실성이 존재할 뿐이다.

무효에 관한 학설은 현행법의 재심제도가 모든 관점에서 충분한 해결책을 제시할 수 없다는 사정의 반영이다. 특히 중대한 실체법적 하자는 재심절차에서 아무런 의미도 갖지 못한다[다만 형사소송법 제359조 제3호(판결에 참여한 법관 또는 배심원이 직무상의 의무를 위반한 경우, 유죄판결을 받은 자에 유리한 재심의 허용), 제362조 제3호(앞과 동일한 사유로 피고인에 유리한 재심의 허용), 헌법재판소법 제79조 제1항(기본법과 합치하지 않는 형사판결 또는 헌법재판소가 기본법과 합치하지 않는다고 선고한 규범 및 규범해석에 기초한 형사판결은 확정력을 갖더라도 재심이 허용된다)은 예외에 속한다].[328] 이밖에도 판

328) 형사소송법은 중대한 법적 하자가 있는지를 검토하여 무효나 파기선고를 할 수 있는 일반규정을 두고 있지 않다. 재심제도를 법적 하자에까지 확장하는 입법론에 관해서는 Lantzke, Materielle Rechtslehre als Wiederaufnahmegrund?, ZRP 1970, S. 201 ff.; J. Meyer(주 248), 114면 이하(특히 127면 이하); Deml(주 247), 114면 이하 참고. 이 문제는 특히 최근의 '*오씨츠키*(Ossietzky) 사건'(BGH NJW 1993, S. 1481 ff.)과 관련하여 현안으로 떠오르게 되었다. 이 사건에 관해서는 J. Meyer, Der "Fall Ossietzky" – auch eine Sache der Gesetzgebers, ZRP 1993, S. 284; Gössel, Über fehlerhafte Rechtsanwendung und den Tatsachenbegriff im Wiederaufnahmeverfahren, NStZ 1993, S. 565 ff. 1993년 11월 23일에 제출된, 재심제도의 개혁에 관한 사회당의 법률안(BT-Dr 12/6219)은 법적 하자에 대해서도 재심을 허용하도록 하고 있다. 법적 하자를 이유로 재심을 허용하는 것에 반대하는 입장으로는 Rieß, Möglichkeiten und Grenzen einer Reform des Rechts der Wiederaufnahme im Strafverfahren, NStZ 1994, S. 158 참고.
☞ 「세계무대」(Weltbühne)」의 편집장이었던 오씨츠키—그는 훗날 노벨평화상을 받았다—는 1929년 3월에, 독일이 비밀리에 군용기를 개발하고 있으며, 이는 베르사이유 조약에 대한 명백한 위반이라는 사실을 이 잡지에서 폭로했다. 이로 인해 그는 '국가기밀누설죄'로 1년 6개월의 실형을 선고받았다. 그가 죽은 지 거의 45년이 지나서 그의 딸이 아버

결무효의 영역으로 논의되는 사례집단(판례가 언급하고 있는 보기로는 구두선고를 하지 않은 판결 또는 내용상 불가능한 판결이 있다[329])에서는 원칙적으로 유죄판결을 받은 자에게 유리한 상황이 문제가 되기 때문에, 유죄판결을 받은 자에게 불리한 재심을 통해 피고인을 보호하는 규정들이 무시될 수 있다는 비난[330]은 근거가 없다.[331] 이와 마찬가지로 판결무효에 관한 학설이 현실적으로 거의 의미가 없다는 반대논거도 설득력이 없다. 설령 그와 같은 사례들이 법치국가에서 실제적으로 발생하지 않는다고 할지라도, 그러한 사실이 무효인 형사판결의 이론적 가능성에 대한 반대근거가 될 수는 없다.[332] 끝으로 재심사유와 판결무효사유를 구별하는 것도 재심제도와 사법보장의무를 고려하여 양자를 중재할 수 있는 가능성이 있다는 점에서 그렇게 어려운 것이 아니다. 따라서 참을 수 없을 정도로 명백히 부정당한 판결의 문제를 굳이 판결취소제도 이외의 방법으로 해결할 필요는 없다. 물론 판례가 판결이 무효가 되는 경우를 극히 예외적인 사례에 한정시킴으로써 —판결의 무효는 형사소송법의 정신과 우리 법치국가 질서의 본질적 원칙에 위배된다[333]— 무효가 되는 판결의 사례는 상당히 줄어든 셈이다. 그러나 판결무효가 성립하는 사유를 모두 열거할 수 없는 한,[334] 형사판결의 무효에 관한 이론의 가능성은 사라지

지의 복권을 위해 이 재판에 대한 재심을 청구했다. 즉 독일의 무기개발은 프랑스의 첩보기관에도 알려져 있을 정도로 '비밀'이 아니었다는 '새로운 사실'을 제출했다. 그러나 연방재판소는 결정을 통해, 재심청구가 형사소송법 제359조 제5호가 의미하는 새로운 사실 또는 증거방법의 제출에 해당하지 않는다고 판시하고 청구를 기각했다(옮긴이).

329) BGH JZ 1963, S. 289.

330) Grünwald, Die Frage der Nichtigkeit von Strafurteilen, S. 256/257, 262.

331) KMR-Sax, Einl. X Rz 9.

332) E. Schneider, Sind nichtige Gerichtsentscheidungen möglich?, MDR 1956, S. 466.

333) BGHSt 29, 351(352); 33, 126(127); BVerfGE 29, 45(49).

지 않는다. 재심의 범위를 확대하는 법률을 제정하더라도, 생각할 수 있는 모든 경우의 판결무효를 포괄할 수 있지 않는 한, 그 이론적 가능성은 원칙적으로 배제할 수 없으며, 결과적으로 판결무효는 권리구제체계의 보충으로서 유지되어야 할 것이다. 이 점에 대해 라드브루흐는 어떠한 의문도 갖지 않았다.

bb) 형사소송법의 재심제도

라드브루흐 공식은 무효판결의 문제보다는 형사소송법의 재심제도에서 훨씬 더 풍부한 이론적 기초를 제공한다. 즉 공식이 근거짓고 있는 법적 안정성의 상대적 우위로부터 재심절차가 확정력을 파기하는 특수한 권리구제로서 법치국가적 필연성을 갖는다는 사실이 도출된다. 판결이 비록 확정력을 갖고 있긴 하지만, 그 내용이 극히 의심스러워서 그러한 의심을 포기하고 법원으로 하여금 이 판결을 다시 심사하도록 하지 않는다면 정의에 대한 참을 수 없는 위반이 되는 경우가 분명 존재한다. 확정력이 갖는 질서기능을 포기할 수는 없지만, 그렇다고 해서 그러한 기능이 죄 없는 자를 처벌하는 것에 우선하는 것은 아니다. 따라서 재심의 가능성 또는 이와 유사한 기능을 갖는 법적 제도가 없는 법질서는 라드브루흐 공식이나 법치국가원칙에 부합하지 않는다.

현행 형사소송법의 재심제도의 전체적 구조는 법적 안정성과 정의를 조종하려는 라드브루흐 공식의 내용과 거의 일치한다. 재심제도에서 입법자가 정의보다는 법적 안정성에 상대적 우위를 부여했다는 점은 의문의 여지가 없다.[335] 이 점은 특히 재심사유를

334) Grünwald, Die Frage der Nichtigkeit von Strafurteilen(Fn. 311), S. 251.

335) 같은 견해로는 LR-Gössel(주 301), Vor § 359 Rz 13; Deml(주 247), 57면 이하. 비판적인 견해로는 Peters, Fehlerquellen im Strafprozeß, S. 2 ff.

개별적으로(kasuistisch) 규정하고 있다는 점에서도 드러난다. 만일 입법자가 법적 안정성에 상대적 우위를 부여하려고 하지 않았다면, 재심사유를 열거원칙에 따라서가 아니라, 재심을 허용하는 일반원칙에 따라 규율했을 것이기 때문이다. 실제로 형사소송법 제359조 이하의 재심절차에 관한 규정들은 제359조와 제362조에 열거된 사유가 존재할 때에만 적용될 수 있도록 되어 있다.[336] 이에 반해 재심제도의 개정을 주장하는 쪽에서는, 정의의 상대적 우위를 기초로 재심에 관한 일반조항을 두고, 예외적인 경우에만 재심을 배제하는 제도를 요구한다.[337] 그러나 이러한 주장은 설득력이 없다. 이 주장에 따른다면 판결은 언제나 단지 잠정적으로 집행가능할 뿐이다. 이는 실질적 확정력이 갖는 근본적 의미와 재심제도의 기능이 구체적인 사례에서 발생한 부정의를 배제함으로써 정의를 실현하는 특수한 권리구제라는 사실을 오해한 것이다.

민사소송법의 재심제도에서는 정의와 법적 안정성의 긴장이 다른 형태를 띤다. 민사소송에서의 재심은 형사소송의 그것과는 달리 민사소송법 제586조 제2항에 따른 기한이 규정되어 있기 때문에, 재심사유를 열거하고 있는 민사소송법 제579조, 제580조[338]에서 표현되고 있는 법적 안정성의 상대적 우위가 기한이 경과한 후에는 절대적 우위로 변한다. 이러한 기한규정은 민사소송과 형사소송의 차이 —형식적 진실과 실체적 진실, 처분주의와 직권탐지주의 등— 에 비추어 볼 때 원칙적으로 정당하다(물론 개별적인 문제와 관련하여 논란이 있을 수 있다). 따라서 민사소송에서는 법적

336) 이 두 조항 이외의 재심사유는 헌법재판소법 제79조 제1항 및 관할에 관한 보충법(ZEG) 제18조가 있을 뿐이다.

337) Knoche, Rechtskraft und Wiederaufnahme, ZRP 1970, S. 288.

338) 독일 민사소송법은 두 가지 방식의 재심, 즉 제579조에 따른 무효소송과 제580조에 따른 회복청구소송을 규정하고 있다.

안정성이 훨씬 더 넓은 공간을 차지한다고 말할 수 있다.

형사소송법 규정이 두 가지 방향의 재심사유를 서로 다르게 취급하고 있는 것 역시 '참을 수 없음-원칙'에 대한 모순이 아니라 오히려 이 원칙의 충실한 반영임을 알 수 있다. 즉 입법자는 피고인에게 유리한 재심에 비해 피고인에게 불리한 재심은 그 범위를 제한했다. 형사소송법 제362조 4호는 피고인의 신빙성 있는 자백이 재심의 근거가 되는 새로운 사실일 때에만 피고인에게 불리한 재심을 허용하도록 규정하고 있다. 이에 반해 피고인에게 유리한 재심은 제359조 5호에 따라 새로운 사실이 있는 한 어느 경우에나 허용된다. 피고인에게 불리한 재심에 대한 이와 같은 제한은, 참을 수 없는 부정의가 존재한다면 어떠한 경우이든 똑같이 재심이 이루어져야 한다고 보는 입장[339]에서는 '참을 수 없음-테제'에 대한 근거 없는 위반으로 여겨질 것이다. 그러나 그러한 입장이 단견(短見)에 불과하다는 사실은 두 방향의 재심이 서로 다른 정당화근거를 갖고 있음을 감안하면 명백해진다. 앞에서 서술한 바와 같이,[340] '참을 수 없음'의 의미는 규율을 필요로 하는 문제영역에 실질적으로 근접한 원칙들을 통해 구체화해야 한다.

피고인(또는 유죄판결을 받은 자)에게 불리한 재심과 피고인에게 유리한 재심을 분리함으로써 형사소송법은 재심이 누구에게 이익이 되는가에 따라 재심의 인적 대상을 서로 다르게 구성하고 있다. 즉 피고인에게 유리한 재심은 부당하게 유죄판결을 받은 자의 (부분적이긴 하지만) 복권을 위한 것이며, 피고인에게 불리한 재심은 국가형벌권을 관철하기 위한 것이다.[341] 형사소송법 제

339) J. Meyer(주 248), 70면.

340) 앞의 97면.

341) Peters, Fehlerquellen im Strafprozeß, S. 34; Schöneborn, Verfassungs-

359조(유죄판결을 받은 자에게 유리한 재심)에서는 공공의 이익으로서의 법적 안정성과 개인적 정의가 충돌하는 반면, 제362조(피고인에게 불리한 재심)에서는 개인을 보호하는 법적 안정성과 공공의 이익으로서의 정의가 충돌한다. 이처럼 서로 다른 문제상황은 당연히 서로 다른 규율을 필요로 한다. 그 출발점은 각 문제상황에 따라 소송상의 위험분배(Prozeßrisikoverteilung)를 다르게 해야 한다는 원칙이다. 형사소송의 지배자는 국가이다. 즉 수사의 주체, 공소의 주체 및 판결의 주체 모두 국가이다. 따라서 진실과 정의에 합치하는 판결에 도달하는 것 또한 국가의 과제이다. 국가는 사안을 신중하고 포괄적으로 조사해야 할 의무(형사소송법 제160조, 제163조 제1항, 제244조 제2항)를 이행하기 위한 인적 및 물적 수단을 갖고 있다. 이에 반해 피고인은 자신의 책임을 입증하는 데 협력해야 할 아무런 의무도 없다. 법률은 피고인에게 어떠한 소송단계에서도 자유롭게 진술할 수 있는 권리를 보장하고 있다(형사소송법 제136조 제1항 제2문, 제163조 제4항 제2문, 제243조 제4항 제1문). 피고인이 진실의무(Wahrheitspflicht)를 부담하지 않는다는 것은 절대 다수의 견해이다.[342]

통상의 절차에서 국가와 피고인이 소송목적을 달성하는 데 서로 다른 입장에 있다면, 재심절차에서도 당연히 소송상의 위험은 다르게 분배되어야 한다. 통상의 절차에서 소송목적의 달성이 국가의 관할영역이라면, 소송목적을 달성하지 못한 책임 또한 유죄 또는 무죄판결을 받은 자가 아니라 국가가 부담해야 한다. 더욱이 무죄판결을 받은 자는 동일한 행위로 인해 다시 새로운 형사소송이라는 부담을 떠맡지 않을 정당한 이익을 갖고 있다.[343]

---

rechtliche Aspekte des strafprozessualen Wiederaufnahmeverfahrens, MDR 1975, S. 441/442; Deml(주 247), 138면.

342) Roxin, Strafverfahrensrecht, § 25 Rz 9.

343) 이에 관해서는 J. Meyer(주 248), 50면 참고.

이처럼 소송상의 위험분배를 서로 다르게 해야 한다는 원칙으로부터 유죄판결을 받은 자에게 유리한 재심의 허용범위가 불리한 재심의 허용범위보다 넓어야 한다는 사실이 도출된다.[344] 이 점은 특히 유죄판결을 받고 수감생활을 하는 자가 유죄입증을 반박하는 사실을 제출하는 경우가 공소기관이 새로운 사실을 제출하는 경우보다 훨씬 더 중요한 의미를 갖는다는 점[345]을 생각해 보면 명백해진다. 또한 증거불충분으로 범인을 무죄판결하는 것은 죄 없는 자를 유죄판결하는 것과는 반대로 오판이 아니다.[346] 특히 이 경우에 두 가지 방향의 재심 사이에 질적 차이가 있음이 뚜렷하게 드러난다. 즉 죄 없는 자에 대한 유죄판결은 증거불충분을 이유로 죄 있는 자를 무죄석방하는 것에 비교할 수 없을 정도로 정의감정을 강하게 침해한다.[347] 왜냐하면 뚜렷한 부정의를 감수하는 것은 정의가 실현되지 못했다는 추측보다 훨씬 참기 어렵기 때문이다. 따라서 뚜렷한 부정의를 제거하는 것이 국가형벌권을 관철하는 것보다 더 절박한 과제이다. 이런 맥락에서 볼 때, 피고인에게 불리한 재심을 유리한 재심의 요건에 접근시킨 1939년의 형사소송법 개정안[348]은 소송상의 위험분배를 다르게 해야 한다는 원칙을 통해 구체화되는 라드브루흐 공식과는 거리가 멀다.[349]

---

344) Peters, Fehlerquellen im Strafprozeß, S. 41 ff.; ders., Strafprozeß, § 76 S. 671.

345) Henkel, Strafverfahrensrecht, § 100 II S. 395; Deml(주 247), 137면.

346) J. Meyer(주 248), 40, 70면.

347) Peters, Strafprozeß, § 76 S. 671; Henkel, Strafverfahrensrecht, § 100 II S. 395; Deml(주 247), 137면.

348) 이에 관해서는 Dippel, Zur Reform des Rechts der Wiederaufnahme des Verfahrens im Strafprozeß, GA 1972, S. 114/115 참고.

349) 그와 같은 규정은 기본법 제103조 제3항의 일사부재리 원칙에 위반되기 때문에 위헌이라고 보는 Deml(주 247), 49면, 136면 이하 참고.

형사소송법 제373조a 제1항에 따르면 확정판결에 대해서만 규정하고 있는 제362조와는 달리 확정력을 갖는 약식명령과 관련하여 피고인에게 불리한 재심을 규정하고 있다. 이 규정에 따르면 유죄판결의 근거가 되는 새로운 사실이 있으면 피고인에게 불리한 재심이 허용된다. 이 규정은 약식명령절차의 간결성으로 인해 불충분한 사안조사가 이루어질 위험이 크다는 점과 형사소송법 제153조a 제1항(준수사항의 이행에 따른 공소기각) 및 질서위반법 제85조 제3항 제2문(질서위반과 관련된 불리한 재심)에 합치할 필요성을 감안할 때, 앞에서 설명한 원칙에 위배된다고 볼 수 없다.[350]

다른 한편 소송상의 위험분배를 다르게 해야 한다는 원칙을 피고인에게 불리한 재심을 완전히 폐지하는 쪽으로 형사소송법을 개정하자는 주장[351]의 근거로 사용할 수 없다. 재심제도에 특수한 기준들을 구체화하는 작업이 '참을 수 없음－테제'를 완전히 배제하는 쪽으로 나가서는 안 된다. 즉 부당하게 무죄석방이 되었거나 지나치게 경미한 처벌을 선고받은 자(형사소송법 제363조)에게 불리한 재심을 허용하지 않는다면, 정의에 대한 참을 수 없는 위반이 되는 경우도 얼마든지 생각해 볼 수 있다(물론 제362조가 규정한 사유들이 모두 이러한 경우에 관련되어 있는 것은 아니다).[352] 기본법 제103조 제3항의 이중처벌금지에 비추어 보더라도 결론은 마찬가지이다. 이 조항 역시 '참을 수 없는 한계'를 포함하고 있

---

350) Kleinknecht/Meyer-Goßner, § 373a Rz 3; KK-Meyer-Goßner, § 373a Rz 3, 4.

351) 예컨대 J. Maier, Rechtsstaatliches Denken und Wiederaufnahme des Verfahrens zuungunsten des Angeklagten, in: GS für Armin Kaufmann, 1989, S. 794; 또한 Eckert, Bericht über das Kolloquium “Aktuelle Probleme der Wiederaufnahme des Strafverfahrens”, ZStW 84(1972), S. 947 ff.에 언급된 문헌 참고.

352) 이와는 다른 전제에서 피고인에게 불리한 재심을 유지하는 입법론을 지지하는 입장으로는 Deml(주 247), 138면 이하; J. Meyer(주 248), 77면; Peters, Strafprozeß, § 76 S. 671 참고.

기 때문에, 실질적 근거가 충분하고 엄격히 제한된 경우에 확정력을 파기하는 것은 이 조항에 모순되지 않는다.[353)]

개별적인 재심사유를 해석할 때 라드브루흐 공식이 갖는 의미는 각 재심사유마다 다르다. 공식과 가장 밀접한 관련이 있는 재심사유는 법관 또는 배심원이 행한 직무상의 의무위반이 가벌적인 경우이다(형사소송법 제359조 제3호, 제362조 제3호). 이 재심사유는 라드브루흐의 부정테제를 연상시킨다. 즉 해당되는 사안과 관련하여 가벌적인 직무위반행위를 범한 법관이 내린 판결은 정의에 대한 의식적인 부정을 뜻하며, 라드브루흐에 따르면 참을 수 없는 불법의 징표이다.[354)] 이 경우 법관의 독립이라는 이념에 대한 극히 중대한 침해가 존재하기 때문에, 그러한 침해 자체만으로 이를 절대적 재심사유로 규정하는 데 아무런 문제가 없다.[355)] 따라서 법관의 심리 및 표결이 비밀에 부쳐진다는 사실에 비추어 볼 때, 법관의 직무위반행위와 판결 사이의 인과관계를 사실상 확인할 수 없다는 사정은 재심사유의 성립 여부와는 관계가 없다.[356)]

> 법관의 직무위반행위를 유죄판결을 받은 자가 야기했을 때에는 재심사유가 되지 않는다고 규정한 현행 형사소송법(제359조 제3호)은 문제가 있다. 소송상의 위험분배가 서로 다르게 이루어져야 한다는 원칙에 따르더라도 그러한 경우를 재심사유에서 배제해야 할 이유는 없다. 즉 설령 유죄판결을 받은 자가 야기했다고 할지라도,

353) Maunz/Dürig-Dürig, GG, 5. Aufl. Art. 103 Abs. 3 GG Rz 132. 헌법재판소의 입장[BVerfGE 3, 248 (252 ff.); 5, 323(328 ff.)]에 따르면 일사부재리 원칙의 한계와 재심에 관한 규정은 기본법 제103조 제3항의 규정과는 별개의 의미를 갖는다고 한다.

354) 앞의 26면 이하.

355) Deml(주 247), 109면.

356) LR-Gössel, § 359 Rz 34.

하자에 대한 책임은 국가가 부담해야 한다.[357] 법관의 직무상의 범죄를 교사했기 때문에 그 자체 가벌적인 행위를 한 피고인에 대해 재심을 제한함으로써 과연 그로부터 어떤 참을 수 없을 정도의 부당한 이익을 박탈할 수 있는지 분명치 않다. 이에 반해 법관의 의무가 위반된 채 이루어진 판결을 파기해야 할 공적 이익은 명백히 존재한다.[358]

위조문서나 허위진술이 재심사유가 되는 경우(형사소송법 제359조 제1, 2호, 제362조 제1, 2호)도 라드브루흐 공식과 내용이 일치한다. 이 재심사유는 라드브루흐 공식에서도 표출되어 있는, 실질적 정의와 형식적 정의의 상호결합의 양태를 띤다.[359] 위조문서나 허위진술은 그 자체 중대한 절차위반일 뿐만 아니라, 동시에 판결의 실질적 정당성에도 관련된다.[360] 후자의 측면은 위조문서나 허위진술이 문제된 판결에 영향을 미쳤을 가능성이 없을 때에는 재심청구가 기각된다고 규정한 제370조 제1항의 내용에서도 나타나 있다.

데믈(Deml)은 '참을 수 없음－원칙'을 다시 세 가지 관계로 구체화한다.[361] 그에 따르면 판결의 하자가 객관적으로 중대한 정의위반이고, 그 하자가 판결에서 지속적인 영향을 미쳤고, 하자의 존재가 증거상황에 비추어 명백할 때에만 재심사유로 고려될 수 있다고 한다.[362] 재심제도에 관한 문헌들이 오늘날까지도 '참

---

357) Wasserburg, Die Wiederaufnahme des Strafverfahrens, 1983, S. 282.

358) Deml(주 247), 110면.

359) 앞의 27면 이하 참고.

360) *데믈*은 이를 '혼합유형'이라고 적절히 표현하고 있다(Deml 주 247, 101면 이하).

361) Ebenda, S. 60 ff. 물론 *데믈*이 라드브루흐 공식 자체를 주제로 삼고 있는 것은 아니다.

362) Ebenda.

을 수 없음－원칙'을 재심제도의 핵심으로 포착하지 못하고 있다는 사실에 비추어 볼 때, *데믈*의 연구는 매우 주목할 만한 가치가 있다. 실제로 '참을 수 없음－원칙'을 구체화한 *데믈*의 시도와 현행 형사소송법의 재심제도 사이에는 여러 가지 관점에서 연관성을 찾아볼 수 있다. 예컨대 판결의 하자가 미치는 영향(제359조 제5호, 제363조, 370조 제1항 후단)이나 하자의 입증(제364조, 제370조 제1항 전단 및 공판절차갱신의 전제조건으로서 재심청구의 허용여부와 그 근거에 대한 심사)과 관련된 규정은 직접적 연관성이 있다. 그러나 '참을 수 없음－원칙'을 구체화함으로써 *데믈*이 생각하는 것처럼[363] 어떤 필연적 근거제시가 이루어진 것은 아니다. 즉 *데믈*이 구체화한 세 가지 관계는 단지 참을 수 없는 구체적 부정의에 초점을 맞추어 재심에 특수한 논거들을 비교검토한 결과를 표현한 단계들에 지나지 않는다. 따라서 라드브루흐 공식은 현행 형사소송법의 재심제도를 해석할 때, 더 이상의 직접적 의미를 가질 수 없다.

> 공식이 재심제도의 개선에서 어떠한 의미를 갖는가를 평가할 때에는 앞에서 언급한[364] 테제, 즉 실질적 정당성을 갖는 재심제도의 발전은 단순히 정의와 법적 안정성만을 비교형량함으로써 이루어질 수 없다는 점에서 출발해야 한다. 이는 실제에 부합하는 기준에 의해서만 '참을 수 없음－원칙'을 구체화할 수 있다는 사실에 의해서도 분명히 알 수 있다. 공식의 구체화가 이루어지지 않는 한, 공식은 단순한 호소기능(Appellfunktion)을 가질 뿐이며, 특히 형사판결의 무효와 같은 다른 주제에 이를 무차별적으로 적용하면 구체성이 없는 결론을 도출할 위험이 있다.[365] 재심절차가

363) Ebenda, S. 63 ff.

364) 앞의 92면.

365) 이에 대한 비판으로는 J. Meyer(주 248), 38면. 그래서 *마이어*는 '참을 수 없음－원칙'을 다른 모든 관점들을 검토한 이후에 다루고 있다

다차원적인 고찰방식을 필요로 한다는 사실은 현행법의 발생사에서도 뚜렷하게 드러나 있다. 형사소송법 제359조 이하의 재심제도는 보통법상의 직권탐지주의와 프랑스의 탄핵주의 소송유형의 타협에 근거할 뿐, 하나의 원칙에 대한 체계적 발전에 기인하지 않았다.[366] 더욱이 입법자는 중범죄와 관련하여 제2의 사실심이 없다는 단점을 보완하기 위한 방법으로 재심을 규정했다.[367] 따라서 입법자는 재심제도와 상소제도의 연관성을 전제로 했다.[368] 재심제도 전반과 관련하여 고려해야 할 여러 가지 복잡한 관점들(지금까지 서술한 판결무효,[369] 확정력에 관한 이론 이외에도 사면법이나 다른 종류의 소송에 의한 특수한 권리구제 등)은 이미 *마이어*가 상세히 밝혀 놓았다.[370] '참을 수 없음-원칙'은 이러한 모든 관점들이 함께 어우러져 그에 대한 역사적 콘텍스트에 따른 더 엄밀한 구체화가 이루어져야 한다.

3. 공식이 갖는 여타의 의미와 공식의 한계

앞에서 나는 오판의 확정력을 보기로 들어 이 문제를 형사판결의 무효에 관한 학설과 형사소송법의 재심제도와 관련시켜 서술함으로써, 라드브루흐 공식이 단순히 불법국가에만 관련되는 것이 아니라, 민주적 법치국가 내에서도 실제적 의미가 있음을 밝혔다고 생각한다. 물론 공식이 갖는 의미는 확정력의 문제영역이

(82면 주 465, 84면).

366) H. Meyer, Die konstruktiven Grundlagen des Wiederaufnahmenverfahrens und seine Reform, GS 99(1930), S. 299 ff. *마이어*는 이 논문에서 당시의 재심제도를 "원칙을 파괴한 비체계적 제도"라고 비난했다.

367) Hahn, Die gesammelten Materialien zur Strafprozeßordnung, Zweite Abtheilung, 2. Aufl. 1886, S. 1608.

368) 상고와 재심의 관계에 관해서는 Rieß(주 328), 153면, 155면 이하.

369) 앞의 100면 이하 참고.

370) J. Meyer(주 248), 42면 이하. 물론 재심제도를 형성할 때 법적 안정성이 핵심적인 영향을 미친다는 점은 공식의 구체화와 관련해서도 너무나도 명백한 사실이다.

나 여타의 법질서에서 끝나지 않는다. 라드브루흐 공식은 하나의 보편적 법원칙이다. 정의와 법적 안정성 사이의 갈등은 법의 모든 영역에 존재하기 때문이다. 라드브루흐 공식이 보편적 의미를 갖고 있다는 점을 보이기 위해, 아래에서는 다시 세 가지 다른 문제영역들을 간략히 언급하도록 하겠다. 이 문제영역들에서도 역시 참을 수 없는 부정의라는 사상이 중요한 의미를 갖는다.

► 민사판결의 확정력과 관련하여 선량한 풍속에 반하는 판결집행으로 인한 손해배상청구소송은 라드브루흐 공식이 적용되는 민법상의 사례 가운데 하나이다. 판례와 다수의 문헌은 확정력을 갖는 민사판결이 1) 부정당하고, 2) 채권자가 그 부정당성을 알고 있으며, 3) 특수한 사정으로 인해 그 판결을 채무집행으로 이용한 것이 참을 수 없을 정도로 명백히 부정당할 때에는 민법 제826조(고의에 따른 선량한 풍속위반)에 따라 그 확정판결과는 관계없이 손해배상 청구소송이 허용된다고 한다.[371] 형사판결의 무효에 관한 학설에서와 마찬가지로 이러한 민법적 법형성에서도 과연 그것이 재심제도와 조화될 수 있는지 그리고 재심제도와 어떻게 구별될 수 있는지가 문제의 대상이 된다.

► 실체법과 시효(Verjährung) 사이의 긴장관계에 대한 해석의 문제도 정의와 법적 안정성의 근본적 갈등의 표현으로서 라드브루흐 공식이 적용되는 중요한 사례에 해당한다. 형법상의 대표적인 적용사례는 민족학살과 살인(Mord)은 공소시효가 없다고 규정한 형법 제78조 제2항이다.[372] 이 규정은 특정한 형사불법에 대

371) BGH NJW 1987, 3256/3259. 대표적인 문헌으로는 Stein/Jonas-Leipold, ZPO, § 322 Rz 271 ff.(279).

372) 민법상의 소멸시효에서도 라드브루흐 공식의 의미와 합치하는 규정이 있다. 즉, 소멸시효에 관한 항변(Einrede)이 민법 제242조(신의성실)에 규정된 허용되지 않는 권리행사일 때에는, 그러한 항변은 고려되지 않는

해 공소시효를 인정하면 참을 수 없는 부정의가 발생하는 경우가 있다는 공식의 문제를 반영하고 있다.[373]

역사적인 사실을 고려한다면, 살인과 민족학살은 그 불법의 정도에 비추어 볼 때 구별되어야 한다. 대량학살은 가장 중한 형사불법으로서 그 불법성이 역사적 불변성을 갖기 때문에 공소시효를 배제하는 것이 타당하지만, 이에 반해 '통상의' 살인은 그러한 불변성이 있다고 볼 수 없다고 생각한다. 이러한 평가는 형법 제78조 제2항이 나치 불법국가라는 발생사적 근거를 갖고 있다는 점에서도 설득력을 갖는다. 잘 알려진 바와 같이 살인에 대한 공소시효 폐지는 논란이 많았던 제16차 형법개정법에 의해 도입되었고, 이 개정법은 아직 소추되지 못한 나치불법에 대한 공소시효가 종료될 위험을 방지하자는 의도에서 비롯되었다.[374] 공소시효와 불법국가의 관련성에 대해 라드브루흐 공식이 갖는 의미는 구 동독에서 자행된 범죄행위의 공소시효에 관한 법률에서도 드러난다.[375] 예컨대 제1차 공소시효법의 입법절차에서는 구 동독의 정권이 자행한 불법이 공소시효를 이유로 소추되지 않는다면, 이는 참을 수 없는 부정의를 의미한다는 주장이 명백하게 제기되었다.[376] 이는

다(이에 관해서는 특히 Palandt-Heinrichs, BGB, 54. Aufl. 1995, § 194 Rz 10 ff. 참고).

373) 공소시효에 대한 논쟁에서는 당연히 '정의'라는 논거가 가장 중요한 의미를 갖는다. 살인에 대한 공소시효폐지를 둘러싼 1979년의 논의에 관해서는 Vogel, Mord sollte nicht verjähren, ZRP 1979, S. 4; Klein, Keine Veränderung der Verjährungsfrist für Mord, ZRP 1979, S. 147 ff. 또한 공소시효의 문제와 관련하여 참을 수 없는 한계가 존재한다는 점을 지적하고 있는 Benda, Verjährung und Rechtsstaat, 1965, S. 10 ff.; H. Schmidt, Zur Frage der Aufhebung der Verjährung von Mord, Bulletin Nr. 39 vom 30. März 1979, S. 350/351 참고.

374) 개정이유에 관해서는 Gradl u.a., BT-Drs. 8/2539, Begründung Nr. 3 참고. 또한 법률초안은 Wehner u.a., BT-Drs. 8/2653 참고.

375) 1. Verjährungsgesetz vom 26.03.1993, BGBl 1993 Teil I, 392; 2. Verjährungsgesetz vom 27.09.1993, BGBl 1993 Teil I, 1657.

376) 1992년 7월 22일에 제출된, 동독정권의 불법행위의 공소시효에 관한 연방상원의 법률안(BT－Drs. 12/3080), 이유서 참고.

나치 불법의 공소시효폐지에 관한 1979년의 상황과 동일하다. 또한 제2차 공소시효법은 형법 제78조 제2항과 같이 구 동독의 법률에 따른 살인행위에 대해 공소시효를 폐지한다고 규정했다.

► 라드브루흐 공식은 민법상의 요식주의(Formzwang)와 형평 사이의 갈등에 대해서도 실제적 의미가 있다. 즉 특정한 법률행위가 요식상의 흠결로 인해 무효가 되는 것이 당사자들에게 견딜 수 없는(untragbar) 결과를 야기할 때에는 신의성실에 관한 민법 제242조를 근거로 그 법률행위의 효력을 인정해야 한다는, 판례와 학설이 발전시킨 법원칙[377]은 라드브루흐 공식에 의해 재구성될 수 있다.[378]

이처럼 라드브루흐 공식은 많은 실제적 의미를 갖고 있다. 그럼에도 공식을 제대로 적용하기 위해서는 언제나 공식이 갖는 한계를 분명하게 인식해야 한다. 특히 공식의 의미를 확인하기 위해서는 언제나 구체적 개별사례를 전제해야 한다는 한계가 있음을 알아야 한다. 또한 공식을 적용하기 위해서는 정의와 법적 안정성 사이의 갈등이 전제되어야 한다. 다시 말해서 두 원칙이 동등한 비중을 갖고 대립하는 경우여야 한다. 따라서 민주적 법치국가 내에서 부정당한 법률이 효력을 갖는가의 문제에 대해서는 공식이 적용되기 어렵다. 즉 민주적 헌법의 지배하에서는 헌법의 하위규범들이 갖는 효력은 전적으로 법효력의 우선관계를 규정하는 법원(法源, Rechtsquelle)의 위계질서에 따라 판단되어야

377) Palandt-Heinrichs, BGB, § 125 Rz 16 ff.

378) 법제도로서의 사면(Gnade)을 라드브루흐 공식에 의해 재구성할 수 있는지는 의문이다. 사면의 근거나 그 실제가 극히 이질적인 내용을 담고 있다는 점(이에 관해서는 Müller-Dietz, Recht und Gnade, DRiZ 1987, S. 474 ff.; Radbruch, Rechtsphilosophie, § 24 S. 272 ff.; ders., Gerechtigkeit und Gnade, in: ders., Rechtsphilosophie, Anhang Nr. 2, S. 329 ff.)에 비추어 볼 때, 공식에 의한 재구성의 가능성은 극히 제한적이다.

한다.[379] 그렇기 때문에 라드브루흐 공식은 헌법의 차원에서 비로소 논의될 수 있다. 예컨대 공식과 불법국가의 관련성을 논의하면서 언급했던[380] 헌법에 반하는 헌법규범이나 저항권이 그러한 차원의 논의에 속한다.

라드브루흐 공식이 갖는 또 다른 한계는 이미 앞에서 여러 번 지적한 바와 같이, 공식의 구체화와 관련된 문제점이다. 이 점에서 공식을 너무 성급하게 적용하는 것은 문제가 있다. 그렇다고 해서 '참을 수 없음-원칙'이 아무런 내용도 없는 공허한 형식에 불과한 것은 아니다.[381] 공식을 지나치게 확대적용하는 것에 대해서는 다음과 같은 반론이 가능하다. 즉 앞에서 라드브루흐 공식이 단순히 불법국가에만 국한되지 않는다는 점을 논증하기 위해 보기로 들었던 형사판결의 무효, 형사소송법의 재심제도, 선량한 풍속에 반한 판결집행에 따른 손해배상청구소송 등의 법제도는 라드브루흐 공식보다 훨씬 이전부터 존재했다는 점이다. 그러한 법제도들을 정당화하기 위해 이미 예전부터 '참을 수 없음'과 기능적으로 동일한 의미를 갖는, '중대한',[382] '특별히 중대한',[383] '현저한'[384] 정의위반 또는 '선량한 풍속에 대한 중대한 침해'[385] 등의 표현을 사용해 왔다.[386] 그렇기 때문에 '참을 수 없음'이라

379) Maurer, Allgemeines Verwaltungsrecht, 9. Aufl. 1994, § 4 Rz 37 ff.

380) 앞의 주 190) 참고.

381) 공식을 공허한 형식으로 파악하는 입장으로는 Rieß(주 328), 157면 참고.

382) v. Kries, Lehrbuch des deutschen Strafprozeßrechts, 1892, S. 701(재심과 관련); R. v. Hippel, Der deutsche Strafprozess, 1941, S. 375(형사판결의 무효와 관련).

383) Birkmeyer(주 297), 734면(재심과 관련).

384) R. v. Hippel(주 382), 611면(재심과 관련).

385) RGZ 155, 60(민법 제826조에 근거한 소송).

386) 특기할 만한 점은, '참을 수 없음'이라는 표현이 1945년 전에는 주로 법적 안정성의 관점에서 사용되었다는 사실이다. 예컨대 확정력의 소멸이나 이에 대한 제한으로 인해 '참을 수 없는 법적 불안정성'이 발생한다고 말하는 경우가 많았다[형사판결의 무효에 관한 v. Kries(주 382),

는 개념을 과대평가할 이유는 없다. 다른 한편, 공식의 의미가 극히 불투명한 가치판단을 사후적으로 조화롭게 만드는 데 있는 것은 아니다. 라드브루흐 공식은 각 문제와 관련된 관점들을 통해 상황에 따른 구체화를 필요로 한다. 다시 말해서 라드브루흐 공식이 문제분석을 대체하는 것이 아니라, 오히려 공식이 그러한 문제분석을 전제로 한다.[387] 참을 수 없는 부정의라는 개념은 우리의 법감정에 호소하는 기능을 갖고 있고, 따라서 이 개념을 아무리 합리적으로 파악하더라도 그 기준을 모두 명백하게 밝힐 수는 없다. 그렇기 때문에 공식의 적용은 항상 실질적인 문제에 지향된 사고를 위한 대안으로 이루어져야 하고, 그럼으로써 원칙들 상호간의 갈등을 단순히 개별사례적으로 해결할 때 발생하는 불충분성을 보충할 수 있다. 라드브루흐 공식은 결코 법학적 문제가 안고 있는 난점을 불식시키는 만능의 제도가 될 수 없으며, 구체적인 문제상황에 따른 차이를 무시할 수 있게 하는 백지위임장도 아니다. 특히 라드브루흐 공식을 정치적 또는 도덕적 동기에서 제정된 예외조치법의 정당성 근거로 삼는다면, 이는 공식이 갖는 법치국가와의 연관성을 잘못 이해한 것이다.

이러한 제한적 의미가 전제될 때에만 라드브루흐 공식이 민주적 법치국가에서 적극적 기능을 갖는다는 사실이 인식될 수 있다. 법질서의 기능은 법과 불법을 구별하는 데 있다.[388] 이러한 과제를 수행하기 위해 법은 안정성을 가져야 한다. 법의 안정성

701면; RGSt 71, 377(381) 언급; 재심에 관한 R. v. Hippel(주 384), 611면; 민법 제826조에 관한 RGZ 156, 265(269)의 언급 등을 참고].

387) 이 점은 재심제도에 대한 문헌들이 빈번하게 사용하는 '참을 수 없음-원칙'을 비판하고 있는 J. Meyer(주 248), 38면 참고.

388) Luhmann, Die Codierung des Rechtssystem, in: Rechtstheorie 17(1986), S. 171 ff.; ders., Das Recht der Gesellschaft, 1993, S. 60 ff., 68 ff.

이 가능하기 위해서는 불법 또한 안정성을 가져야 한다. 즉 불법의 안정성은 법적 안정성의 논리적 결론이다.[389] 그러나 법체계 내에서 법적 안정성과 불법의 안정성이 확연히 구별될 수 있다는 사고는 명백히 관념적이다. 앞에서 논의한 보기들이 입증하듯이, 법적 안정성과 불법의 안정성이 뒤섞일 가능성은 언제나 존재한다. 그러한 현상은 실정법의 경계선에 놓여 있다. 법이 불법으로, 불법이 법으로 되는 그 경계선에 라드브루흐 공식이 자리잡는다. 하나의 법규범, 하나의 확정판결 또는 하나의 실정법제도가 실질적 정의에 대해 참을 수 없는 정도로 모순될 때, 라드브루흐 공식은 법적 안정성에 대한 실질적 정의의 우위를 선언한다. 따라서 라드브루흐 공식은 형식적 법치국가와 실질적 법치국가의 타협을 의미한다. 공식은 항상 자신의 절대성을 주장하려는 실정법의 본질적 경향에 제약을 가하며, 정의라는 법이념이 안고 있는 부정의성[390]을 완화한다. 그럼으로써 공식은 실정법과 정당한 법 사이에는 차이가 있다는 사실을 다시 한 번 강조한다. 라드브루흐 공식은 "모든 법은 의심의 대상이다"[391]고 한 그 자신의 말을 그대로 반영하고 있다.

---

389) Luhmann, Gerechtigkeit in den Rechtssystemen der modernen Gesellschaft, S. 412 ff.

390) Rüthers, Das Ungerechte an der Gerechtigkeit, 1993.

391) Radbruch, Rechtsphilosophie, § 25 S. 279.

참고문헌(Literaturverzeichnis)

Achterberg, Norbert: Antinomien verfassungsgestaltender Grundentscheidungen, in: Der Staat 8(1969), S. 159 ff.

Alternativkommentar zum Grundgesetz, Band 1: Art. 1-37, 2. Aufl. Neuwied 1989 (zit.: AK-GG-Bearbeiter).

Alternativkommentar zum Strafgesetzbuch, Band 1: §§ 1-21, Neuwied 1990 (zit.: AK-StGB-Bearbeiter).

Alexy, Robert: Theorie der juristischen Argumentation, Frankfurt am Main 1983.

ders.: Theorie der Grundrechte, Frakfurt am Main 1986.

ders.: Begriff und Geltung des Rechts, Freiburg/München 1992.

ders.: Mauerschützen. Zum Verhältnis von Recht, Moral und Strafbarkeit, Berichte aus den Sitzungen der Joachim Jungius-Gesellschaft der Wissenschaften, Jahrgang 11 Heft 2, Hamburg 1993.

Bachhof, Otto: Verfassungswidrige Verfassungsnormen?, in: Recht und Staat, Band 163/164, Tübingen 1951.

Barrata, Alessandro: Relativismus und Naturrecht im Denken Gustav Radbruchs, ARSP 45(1959), S. 505 ff.

Bauer, Fritz: Das "gesetzliche Unrecht" des Nationalsozialismus und die deutsche Strafrechtspflege, in: Gustav Radbruch Gedächtnisschrift, hrsg. von Arthur Kaufmann, Göttingen 1968, S. 302 ff.

Baum, Marie: Nachspiel: Erfüllung, 1945-1949, in: Gustav Radbruch, Der innere Weg. Aufriß meines Lebens(1951), 2. Aufl. Göttingen 1961, S. 144 ff.

Baumbach, Adolf/Lauterbach, Wolfgang/Albers, Jan/Hartmann, Peter: Zivilprozeßordnung, 53. Aufl. München 1995(zit.: Baumbach/Lauterbach-Bearbeiter).

Behrendt, Hans-Joachim: Die Rechtsbeugung, JuS 1989, S. 945 ff.

Beling, Ernst: Deutsches Reichsstrafprozeßrecht, Berlin/Leipzig 1928.

Bemmann, Günter: Zur Frage der Strafbarkeit des Judizierens gegen übergesetzliches Recht, in: ders./Manoledakis(Hrsg.), Der Richter in Strafsachen, Baden-Baden 1992, S. 157 ff.

Benda, Ernst: Verjährung und Rechtsstaat. Verfassungsprobleme der Verlängerung strafrechtlicher Verjähungsfristen, Berlin 1965.

Birkmeyer, Karl: Deutsches Strafprozeßrecht, Berlin 1898.

Blomeyer, Jürgen: Zum Streit über Natur und Wirkungsweise der materiellen Rechtskraft, JR 1968, S. 407 ff.

Bottke, Wilfried: Materielle und formelle Verfahrensgerechtigkeit im demokratischen Rechtsstaat, Berlin 1991.

ders.: Die Verfolgung von Regierungskriminalität der DDR nach dem Beitritt der neuen Länder, in: Lampe(Hrsg.), Deutsche Wiedervereinigung, aaO, S. 203 ff.

Breymann, Klaus: Zur Auslegung der Verjährungsregelung in Art. 315a EGStGB, NStZ 1991, S. 463 ff.

Cathrein, Viktor: Moralphilosophie, Bd. 1: Allgemeine Moralphilosophie, 5. Aufl. Freiburg 1911.

Coing, Helmut: Zur Frage der strafrechtlichen Haftung der Richter für die Anwendung naturrechtswidriger Gesetze, SJZ 1947, Sp. 61 ff.

Deml, Peter: Zur Reform der Wiederaufnahme des Strafverfahrens, Ebelbach 1979.

Dencker, Friedrich: Vergangenheitsbewältigung durch Strafrechts? Lehren aus der Justizgeschichte der Bundesrepublik, KritV 1990, S. 299 ff.

Dippel, Karlhans: Zur Reform des Rechts der Wiederaufnahme des Verfahrens im Strafprozeß, GA 1972, S. 97 ff.

Dreher, Eduard/Tröndle, Herbert: Kommentar zum Strafgesetzbuch, 47. Aufl. München 1995.

Dreier, Horst: Die Radbruchsche Formel — Erkenntnis oder Bekenntnis?, in: Staatsrecht in Theorie und Praxis, Festschrift für Robert Walter zum 60. Geburtstag, hrsg. von H. Mayer, Wien 1991, S. 117 ff.

Dreier Ralf: Recht und Moral, in: ders., Recht-Moral-Ideologie, Frankfurt am Main 1981, S. 180 ff.

ders.: Der Begriff des Rechts, NJW 1986, S. 890 ff.

ders.: Der Rechtsstaat im Spannungsverhältnis zwischen Gesetz und Recht, in: ders., Recht-Staat-Vernunft, Frankfurt am Main 1991, S. 73 ff.

ders.: Gesetzliches Unrecht im SED-Staat? Am Beispiel des DDR-Grenzgesetzes, in: Strafgerechigkeit, Festschrift für Arthur Kaufmann zum 70. Geburtstag, hrsg. von Haft u.a., Heidelberg 1993, S. 57 ff.

ders.: Rechtsphilosophische Aspekte juristischer Vergangenheitsbewältigung, in: Zeitschrift für Gesetzgebung 1993, S. 300 ff.

Eckert, Adam-Claus: Bericht über das Kolloquium "Aktuelle Probleme der Wiederaufnahme des Strafverfahrens", ZStW 84(1972), S. 937 ff.

Ellscheid, Günter: Das Naturrechtsprobleme. Eine systematische Orientierung, in: Arthur Kaufmann/Hassemer(Hrsg.), Einführung in Rechtsphilosophie und Rechtstheorie der Gegenwart, 6. Aufl. Heidelberg 1994, S. 179 ff.

Emge, Carl August: Über das Grunddogma des rechtsphilosophischen Relativismus, Berlin/Leipzig 1916.

Engisch, Karl: Gustav Radbruch als Rechtsphilosoph, ARSP 38(1949/50), S. 305 ff.

ders.: Auf der Suche nach der Gerechtigkeit. Hauptthemen der Rechtsphiosophie, München 1971.

Evers, Hans-Ulrich: Der Richter und das unsittliche Gesetz, Berlin 1956.

ders.: Zum unkritischen Naturrechtsbewußtsein in der Rechtsprechung der Gegenwart, JZ 1961, S. 241 ff.

v. Feuerbach, Paul Johann Anselm: Lehrbuch des gemeinen in Deutschland geltenden Peinlichen Rechts, 1801(Nachdruck 1985).

Fraenkel, Ernst: Der Doppelstaat. Recht und Justiz im 〉Dritten Reich〈, (1941) Frankfurt am Main 1984.

Frommel, Monika: Die Mauerschützenprozesse — eine unerwartete Aktualität der Radbruch'schen Formel, in: Strafgerechigkeit, Festschrift für Arthur Kaufmann zum 70. Geburtstag, hrsg. von Haft u.a., Heidelberg 1993, S. 81 ff.

Füßer, Klaus: Rechtspositivismus und "gesetzliches Unrecht". Zur Destruktion einer verbreiteten Legende, ARSP 78(1992), S. 301 ff.

Gaul, Hans Friedhelm: Die Grundlagen des Wiederaufnahmerechts und die Ausdehnung der Wiederaufnahmegründe. Zugleich ein Beitrag zum Problem der Analogie beim enumerativen Ausnahmerechtssatz, Bielefeld 1956.

Geerds, Friedrich: Strafrechtspflege und prozessuale Gerechtigkeit, in: SchHA 1964, S. 57 ff.

Geiger, Theodor: Vorstudien zu einer Soziologie des Rechts, 4. Aufl. Berlin 1987.

Gilles, Peter: Verfahrensfunktionen und Legitimationsprobleme richterlicher Entscheidungen im Zivilprozeß. Zur Kritik N. Luhmann am Richtigkeitspostulat der sog. klassischen Verfahrenslehre, in: Festschrift für Gerhard Schiedermair, hrsg. von Lüke und Jauernig, München 1976, S. 183 ff.

Gössel, Karl Heinz: Über fehlerhafte Rechtsanwendung und den Tatsachenbegriff im Wiederaufnahmeverfahren — Zugleich eine

Besprechung des sog. “Ossietzky-Beschlusses” des BGH, NStZ 1993, 502, in: NStZ 1993, S. 565 ff.

Goldschmidt, James: Der Prozeß als Rechtslage. Eine Kritik des prozessualen Denkens, Berlin 1925.

Grewendorf, Günther/Meggle, Georg: Zur Struktur des Metaethischen Diskurs, in: dies. (Hrsg.), Seminar: Sprache und Ethik. Zur Entwicklung des Metaethik, Frankfurt am Main 1974, S. 7 ff.

Grünwald, Gerald: Bedeutung und Begründung des Satzes “nulla poena sine lege”, ZStW 76(1964), S. 1 ff.

ders.: Die Frage der Nichtigkeit von Strafurteilen, ZStW 76(1964), S. 250 ff.

ders.: Zur Kritik der Lehre vom übergesetzlichen Recht, Bonn 1971.

ders.: Die materialle Rechtskraft im Strafverfahren der Bundesrepublik Deutschland, in: Jescheck (Hrsg.), Deutsche straferchtliche Landesreferate zum IX. Internationalen Kongreß für Rechts-vergleichung Teheran 1974, Beiheft zur ZStW 1974, S. 94 ff.

ders.: Die strafrechtliche Bewertung in der DDR begangener Handlungen, StV 1991, S. 31 ff.

Günther, Klaus: Anmerkung zu BGH, Urt. v. 25.03.1993 - 5 StR 418/92, StV 1993, S. 18ff.

Habermas, Jürgen: Faktizität und Geltung. Beiträge zur Diskurstheorie des Rechts und des demokratischen Rechtstaats, Frankfurt am Main 1992.

Hahn, Carl/Stegemann, Eduard (Hrsg.), Die gesammten Materialien zur Strafprozeßordnnung, Zweite Abteilung, 2. Aufl. Berlin 1886.

Hanack, Ernst-Walter: Zur Reform des Rechts der Wiederaufnahme des Verfahrens im Strafprozeß, JZ 1973, S. 393 ff.

Hassemer, Winfried: Der Begriff des positiven Rechts, in: Zeitschrift für vergleichende Rechtswissenschaft 77(1978), S. 101 ff.

ders.: Die “Funktionstüchtigkeit der Strafrechtspflege” — ein neuer

Rechtsbegriff?, StV 1982, S. 275 ff.

ders.: Unverfügbares im Strafprozeß, im Rechtsstaat und Menschenwürde, Festschrift für Werner Maihofer zum 70. Geburtstag, hrsg. von Arthur Kaufmann u.a., Frankfurt am Main 1988, S. 183 ff.

ders.: Einführung in die Grundlagen des Strafrechts, 2. Aufl. München, 1990.

Heck, Philipp: Gesetzesauslegung und Interessenjurisprudenz, Tübingen 1914.

Hegel, Georg Wilhelm Friedrich: Grundlinien der Philosophie des Rechts, Theorie Werkausgabe, Band 7, Frankfurt am Main 1970.

Henckel, Wolfram: Vom Gerechtigkeitswert verfahrensrechtlicher Normen, Göttingen 1966.

Henkel, Heinrich: Strafverfahrensrecht, 2. Aufl. Stuttgart/Berlin/Köln/Mainz 1968.

ders.: Einführung in die Rechtsphilosophie, 2. Aufl. München 1977.

Herfahrdt, Heinrich: Der Positivismus in der Rechtswissenschaft, in: Studium Generale 1954, S. 86 ff.

Hermann, Joachim: Menschenrechtsfeindliche und menschenrechtsfreundliche Auslegung von § 27 des Grenzgesetzes der DDR, NStZ 1993, S. 118 ff.

Herzog, Felix: Zur strafrechtlichen Verantwortlichkeit von Todesschützen an der innerdeutschen Grenze, NJ 1993, S. 1 ff.

Hiltwein, Jörg/Oldigs, Dirk/Schey, Matthias: in: Herzog (Hrsg.), Die Strafrechtliche Verantwortlichkeit von Todesschützen an der innerdeutschen Grenze, Heidelberg 1993.

v. Hippel, Ernst: Untersuchungen zum Problem des Fehlerhaften Staatsakts, 2. Aufl. Berlin/Göttingen/Heidelberg 1960.

v. Hippel, Fritz: Gustav Radbruch als rechtsphilosophischer Denker, Heidelberg 1951.

v. Hippel, Robert: Der deutsche Strafprozess, Marburg 1941.

Hoerster, Norbert: Zur Verteidigung des Rechtspositivismus, NJW 1986, S. 2480 ff.

Hoffmann, Roland: Verfahrensgerechtigkeit: Studien zu einer Theorie prozeduraler Gerechtigkeit, Paderborn/München/Wien/Zürich 1992.

Hohmann, Ralf: Anmerkung zu LG Hamburg, Beschl. v. 17.10.1990 - 35 a StVK 720/89, NStZ 1991, S. 507 f.

Jakobs, Günther: Strafrecht. Allgemeiner Teil, 2. Aufl. Berlin/New York 1991.

ders.: Vergangenheitsbewältigung durch Strafrecht? Zur Leistungsfähigkeit des Strafrechts nach einem politischen Umbruch, in: Isensee (Hrsg.), Vergangenheitsbewältigung durch Recht, Berlin 1992, S. 37 ff.

ders.: Untaten des Staates — Unrecht im Staat. Strafe für die Tötungen an der Grenze der Ehemaligen DDR?, GA 141(1994), S. 1 ff.

Karlruher Kommentar zur Strafprozeßordnung, hrsg. von Gerd Pfeiffer, 3. Aufl. München 1993 (zit.: KK-Bearbeiter).

Kaufmann, Arthur: Das Schuldprinzip. Eine strafrechtlich- rechtsphilosophische Untersuchung, Heidelberg 1961.

ders.: Gustav Radbruch — Leben und Werk, in: ders. (Hrsg.), Gustav Radbruch Gesammtausgabe, Band 1: Rechtsphilosophie I, Heidelberg 1987, S. 7 ff.

ders.: Prozedurale Theorien der Gerechtigkeit, München 1989.

ders.: Problemgeschichte der Rechtsphilosophie, in: ders./Hassemer (Hrsg.), Einführung in Rechtsphilosophie und Rechtstheorie der Gegenwart, 6. Aufl. Heidelberg 1994, S. 30 ff.

ders.: Die Radbrusche Formel vom gesetzlichen Unrecht und vom übergesetzlichen Recht in der Diskussion um das im Namen der DDR begangene Unrecht, NJW 1995, S. 81 ff.

Kaufmann, Erich: Kritik der neukantianischen Rechtsphilosophie. Eine Betrachtung über die Beziehungen zwischen Philosophie und

Rechtswissenschaft, Tünbingen 1921.

Kaufmann, Franz-Xaver: Sicherheit als soziologisches und sozialpolitisches Problem. Untersuchungen zu einer Wertidee hochdifferenzierter Gesellschaften, Stuttgart 1970.

Klein, Hans H.: Keine Veränderung der Verjährungsfrist für Mord, ZRP 1979, S. 145 ff.

Kleinknecht, Theodor/Meyer-Goßner, Lutz: Kommentar zur Strafprozeßordnung, 42. Aufl. München 1995.

Kleinknecht, Theodor/Müller, Hermann/Reitberger, Leonhard: Kommentar zur Strafprozeßordnung, 8. Aufl. Neuwied/Kriftel/Berlin 1990, hrsg. von Gehard Fezer und Rainer Paulus, Stand: August 1993 (zit.: KMR-Bearbeiter).

Knoche, Wolfgang: Rechtskraft und Wiederaufnahme, ZRP 1970, S. 288.

Kohler, Josef: Der Prozeß als Rechtsverhältnis. Prolegomena zu einem System des Civilprozesses, Mannheim 1888.

Kriele, Martin: Recht und praktische Vernunft, Göttingen 1979.

v. Kries, August: Lehrbuch des deutschen Strafprozeßrechts, Freiburg 1892.

Kühl, Kristian: Rückblick auf die Renaissance des Naturrechts nach dem 2. Weltkrieg, in: Köbler/Heinze/Schapp (Hrsg.), Geschichtliche Rechtswissenschaft, Gießen 1990, S. 331 ff.

Küsters, Gerd-Walter: Kants Rechtsphilosophie, Darmstadt 1988.

Kuhlen, Lothar/Gramminger, Thomas: Der Mauerschütze und der Denunziant — Ein Bericht über eine strafrechtliche Hausarbeit, JuS 1993, S. 32 ff.

Laage, Llea: Die Auseinandersetzung um den Begriff des gesetzlichen Unrechts nach 1945, KJ 1989, S. 409 ff.

Lackner, Karl: Kommentar zum Strafgesetzbuch, 20. Aufl. München 1993.

Lampe, Ernst-Joachim (Hrsg.): Deutsche Wiedervereinigung, Band II:

Die Verfolgung von Regierungskriminalität der DDR nach der Wiedervereinigung, Köln/Berlin/Bonn/München 1993.

Lamprecht, Rolf: Lesarten für Rechtsbeugung, NJW 1994, S. 562 ff.

Lantzke, Ursula: Materielle Rechtsfehler als Wiederaufnahmegrung?, ZRP 1970, S. 201 ff.

Larenz, Karl: Richtiges Recht. Grundzüge einer Rechtsethik, München 1979.

Lask, Emil: Rechtsphilosophie, in: ders., Gesammelte Schriften, Band 1, Tübingen 1923.

Lecheler, Helmut: Unrecht in Gesetzesform? Gedanken zur "Radbruch'schen Formel", Berlin/New York 1994.

Leibholz, Gerhard/Rinck, Hans-Justus: Grundgesetz-Kommentar, 4. Aufl. Köln 1971 und Band 1: Art. 1-20, 7. Aufl. Köln 1993, Stand: Juli 1994.

Leipziger Kommentar zum Strafgesetzbuch, hrsg. von Jescheck, Hans-Heinrich/Riß, Wolfgang/Willms, Günther, Band 7: §§ 303-356, 10. Aufl. Berlin/New York 1988 (zit.: LK-Bearbeiter).

Leisner, Walter: Verfassungswidriges Verfassungsrecht — Nach dem "Bodenform-Urteil" des BVerfG —, DÖV 1992, S. 432 ff.

Letzgus, Klaus: Die strafrechtliche Verantwortlichkeit von Richtern, Staatsanwälten und Untersuchungsorganen der ehemaligen DDR wegen Rechtsbeugung, in: ders. u.a. (Hrsg.), Für Recht und Staat, Festschrift für Herbert Helmrich zum 60. Gebrutstag, 1994, S. 73 ff.

Limbach, Jutta: Strafrechtliche Verantwortlichkeit für die Ausübung politischer Strafjustiz in der ehemaligen DDR, in: Rampe (Hrsg.), Deutsche Wiedervereinigung, aaO, S. 99 ff.

Löwe, Ewald/Rosenberg, Werner: Großkommentar zur Strafprozeßordnung, hrsg. von Peter Rieß, Band 4: §§ 296-373a, 24. Aufl. Berlin/New York 1988 (zit.: LR-Bearbeiter).

Lüderssen, Klaus: Der Staat geht unter — das Unrecht bleibt? Regierungskriminalität in der ehemaligen DDR, Frankfurt am Main 1992.

ders.: Kontinuität und Grenzen des Gesetzlichkeitprinzips bei grundsätzlichem Wandel der politischen Verhältnisse, ZStW 104(1992), S. 735 ff.

Luhmann, Niklas: Rechtssoziologie, 2. Bände, Reinbek bei Hamburg 1972.

ders.: Gerechtigkeit in den Rechtssystemen der modernen Gesellschaft, in: ders., Ausdifferenzierung des Rechts, Frankfurt am Main 1981, S. 374 ff.

ders.: Positivität des Rechts als Voraussetzung einer modernen Gesellschaft, in: ders., Ausdifferenzierung des Rechts, Frankfurt am Main 1981, S. 113 ff.

ders.: Die Codierung des Rechtssystem, in: Rechtstheorie 17(1986), S. 171 ff.

ders.: Das Recht der Gesellschaft, Frankfurt am Main 1993.

Maier Julio B. J.: Rechtsstaatliches Denken und Wiederaufnahme des Verfahrens zuungunsten der Angeklagten, in: Gedächtnisschrift für Armin Kaufmann, hrsg. von Dornseifer u.a., Köln/Berlin/Bonn/ München 1989, S. 789 ff.

Maiwald, Manfred: Rechtsbeugung im SED-Staat, NJW 1993, S. 1881 ff.

v. Mangoldt, Hermann/Klein, Friedrich: Grundgesetz-Kommentar, Band 1: Art. 1-28, 2. Aufl. Berlin/Frankfurt am Maun 1966.

Maus, Ingeborg: Zur Aufklärung der Demokratietheorie. Rechts- und demokratietheoretische Überlegungen im Anschluß an Kant, Frankfurt am Main, 1992.

Matt, Hogler: Die Gegenvorstellung im Strafverfahren, MDR 1992, S. 820 ff.

Maunz, Theodor/Dürig, Günter/Herzog, Roman/Scholz, Rupert: Kommentar zum Grundgesetz, 5. Aufl. München 1979 ff. (zit.: MD-Bearbeiter).

Maurer, Hartmut: Allgemeines Verwaltungsrecht, 9. Aufl. München 1994.

Mayer, Hellmuth: Die konstuktiven Grundlagen des Wiederaufnahmeverfahrens und seine Reform, GS 99(1930), S. 299 ff.

Meyer, Jürgen: Die Wiederaufnahme des Strafverfahrens in rechtsvergleichender Darstellung, in: Jescheck/ders. (Hrsg.), Die Wiederaufnahme des Strafverfahrens im deutschen und ausländischen Recht, Bonn 1974, S. 729 ff.

ders.: Wiederaufnahmereform. Eine rechtsvergleichende Untersuchung zur Reform des Rechts der Wiederaufnahme des Strafverfahrens, Bonn 1977.

ders.: Der "Fall Ossietzky"—auch eine Sache des Gesetzgebers, ZRP 1993, S. 284.

Müller, Wolfgang: Gesetzliches Unrecht und übergesetliches Recht, NJ 1990, S. 233 ff.

Müller-Dietz, Heinz: Recht und Gnade, DRiZ 1987, S. 474 ff.

v. Münch, Ingo (Hrsg.): Grundgesetz-Kommentar, Band 1: Art. 1. 20, 3. Aufl. München 1985, 4. Aufl. München 1992 (zit.: v. Münch-Bearbeiter).

Naucke, Wolfgang: Über die Zerbrechlichkeit des rechtsstaatlichen Strafrechts, KriV 73(1990), S. 244 ff.

Nef, Hans: Gleichheit und Gerechtigkeit, Zürich 1941.

Neufelder, Martin/Trautmann, Wolfgang: Kennzeichen Unrecht. Eine pragmatische Rechtsphilosophie, Frankfurt am Main 1993.

Neumann, Ulfrid: Funktionale Wahrheit im Strafverfahren, in: Jenseits des Funktionalismus, Festschrift für Arthur Kaufmann zum 65. Geburtstag, hrsg. von Scholler und Philipps, Heidelberg 1989, S. 73 ff.

ders.: Materiale und prozedurale Gerechtigkeit im Strafverfahren, ZStW 101(1989), S. 52 ff.

ders.: Rückwirkungsverbot bei belastenden Rechtsprechungsänderungen der Strafgerichte?, ZStW 103(1991), S. 331 ff.

ders.: Naturrecht und Politik zwischen 1900 und 1945: Naturrecht, Rechtspositivismus und Politik bei Gustav Radbruch, in: Ballestrem (Hrsg.), Naturrecht und Politik, Berlin 1993, S. 69 ff.

ders.: Rechtsphilosophie in Deutschland seit 1945, in: Simon (Hrsg.), Rechtswissenschaft in der Bonner Republik, Frankfurt am Main 1994, S. 145 ff.

Niese, Werner: Doppelfunktionale Prozeßhandlungen. Ein Beitrag zur allgemeinen Prozeßrechtslehre, Göttingen 1950.

Ott, Walter: Die Radbruch'sche Formel. Pro und Contra, in: Zeitschrift für schweizerisches Recht, NF 107(1988), S. 335 ff.

ders.: Der Rechtspositivismus. Kritische Würdigung auf der Grundlage eines juristischen Pragmatismus, 2. Aufl. Berlin 1992.

Pagenstecher, Max: Zur Lehre von der materiellen Rechtskraft, Berlin 1905.

Palandt, Otto: Kommentar zum Bürgerlichen Gesetzbuch, 54. Aufl. München 1995.

Perelman, Chaim: Über die Gerechtigkeit, München 1967.

Peters, Karl: Fehrerquellen im Strafprozeß. Eine Untersuchung der Wiederaufnahmeverfahren in der BRD, Band 3: Wiederaufnahmerecht, Karlsluhe 1974.

ders.: Strafprozeß, 4. Aufl. Heidelberg 1985.

Pohle, Rudolf: Gedanken über das Wesen der Rechtskraft, in: Gedächtnisschrift für Piero Calamandrei, Padua 1958, Band 2, S. 379 ff.

Radbruch, Gustav: Einführung in die Rechtswissensschaft, 2. Aufl. Leipzig 1913.

ders.: Grundzüge der Rechtsphilosophie, Leipzig 1914.

ders.: Die Problematik der Rechtsidee, in: Strich (hrsg.), Die Dioskuren,

3. Band 1924, S. 43 ff.

ders.: Rechtsphilosophie (3. Aufl. 1932), hrsg. v. Erik Wolf, 8. Aufl. Stuttgart 1973.

ders.: Rechtsphilosophie und Rechtspraxis, JW 1932, S. 3737 f.

ders.: Relativismus in der Rechtsphilosophie(1934), in: ders., Der Mensch im Recht, Göttingen 1957, S. 80 ff.

ders.: Der Zweck des Rechts(1937), in: ders., Der Mensch im Recht, ebenda, S. 88 ff.

ders.: Gestalten und Gedanken. Acht Studien, Leipzig 1944.

ders.: Fünf Minuten Rechtsphilosophie(1945), in: ders., Rechts- philosophie, aaO, S. 327 ff.

ders.: Gesetzliches Unrecht und übergesetzliches Recht, SJZ 1946, S. 105 ff.

ders.: Die Erneuerung des Rechts(1947), in: Arthur Kaufmann (Hrsg.), Gustav Radbruch Gesammtausgabe(= GRGA), Band 3: Rechtsphilosophie Ⅲ, bearbeitet von Hassemer, Heidelberg 1990, S: 107 ff.

ders.: Gesetz und Recht(1947), in: GRGA, Band 3: Rechtsphilosophie III, S. 96 ff.

ders.: Erwiderung(1947), in: GRGA, Band 3: Rechtsphilosophie III, S. 104 ff.

ders.: Vorschule der Rechtsphilosophie(1947), 2. Aufl. Göttingen 1959.

ders.: Zur Diskussion über die Verbrechen gegen die Menschlichkeit, SJZ 1947, Sp. 131 ff.

ders.: Neue Probleme in der Rechtswissenschaft, aus: ders., Eine Feuerbach- Gedenkrede sowie drei Aufsätze aus dem wissenschaftlichen Nachlaß, in: Recht und Staat, Bd. 172(1952), S. 31 ff.

ders.: Einführung in die Rechtswissenschaft, Nach dem Tode des Verfassers besorgt von Konrad Zweigert, 13. Aufl. Stuttgart 1980.

Rauttenberg, Erardo Cristoforo: Anmerkung zu BG Potsdam, Besonderer Senat, Beschl. v. 08.11.1993 — 6 Ws 33/93, NJ 1994, S. 88 f.

ders./Burges, Gerd: Anfangsverdacht wegen Rechtsbeugung gegen Staatsanwälte und Richter der früheren DDR — Ein Beitrag zum Meinungsstand in der Praxis, DtZ 1993, S. 71 ff.

Rickert, Heinrich: Die Grenzen der naturwissenschaftlichen Begriffsbildung. Eine logische Einleitung in die historischen Wissenschaften, 5. Aufl. Tübingen 1929.

Rieß, Peter: Möglichkeiten und Grenzen einer Reform des Rechts der Wiederaufnahme im Strafverfahren, NStZ 1994, S. 153 ff.

Rosenberg, Leo/Schwab, Karl Heinz: Zivilprozeßrecht, 14. Aufl. München 1986, 15. Aufl. München 1993.

Roxin, Claus: Strafverfahrensrecht, 23. Aufl. München 1993.

ders.: Strafrecht. Allgemeiner Teil, Band 1, 2. Aufl. München 1994.

Rümelin, Max: Die Rechtssicherheit, Tübingen 1924.

Rüping, Heinrich: Das Strafverfahren, 2. Aufl. München 1983.

Rüthers, Bernd: Das Ungerechte an der Gerechtigkeit. Defizite eines Begriffs, 2. Aufl. Zürich 1993.

Sarstedt, Werner: Anmerkung zu KG 2. StS, Urt. v. 23.05.1955 — 1 Ord. AR 30/55 — 2 Wa. 43/55, JR 1955, S. 351 f.

Sauer, Wilhelm: Philosophie der Zukunft. Eine Grundlegung der Kultur, Stuttgart 1923.

ders.: Gerechtigkeit, Berlin 1959.

Schäfer, Karl: Strafprozeßrecht, Berlin/New York 1976.

Schelauske, Hans-Dieter: Naturrechtsdiskussion in Deutschland. Ein Überblick über zwei Jahrzehnte 1945-1965, Köln 1968.

Schmidhäuser, Eberhard: Zur Frage nach dem Ziel des Strafprozesses, in: Festschrift für Eberhard Schmidt zum 70. Geburtstag, hrsg. von Bockelmann und Gallas, Göttingen 1961, S. 511 ff.

Schmidt, Eberhard: Lehrkommentar zur Strafprozeßordnung, Teil I, 2. Aufl. Göttingen 1964.

ders.: Deutsches Strafprozeßrecht. Ein Kolleg, Göttingen 1967.

ders.: Materielle Rechtskraft — Materielle Gerechtigkeit, JZ 1968, S. 681 ff.

Schmidt, Helmut: Zur Frage der Aufhebung der Verjährung von Mord, Bulletin Nr. 39 vom 30. März 1979, S. 349 ff.

Schneider, Egon: Sind nichtige Gerichtsentscheidungen möglich?, MDR 1956, S. 465 f.

Schneider, Hans-Peter: Gustav Radbruchs Einfluß auf die Gegenwart, in: Radbruch, Rechtsphilosophie, aaO, S. 351 ff.

ders.: Gustav Radbruch(1878-1949). Rechtsphilosoph zwischen Wissenschaft und Politik, in: Kritische Justiz (Hrsg.), Streibare Juristen. Eine andere Tradition, Baden-Baden 1988, S. 295 ff.

Schöneborn, Christian: Verfassungsrechtliche Aspekte des strafprozessualen Wiederaufnahmeverfahrens, NDR 1975, S. 441 ff.

ders.: Strafprozessuale Wiederaufnahmeproblematik, Tübingen 1980.

Schöneburg, Volkmar: Recht im nazifaschistischen und im "realsozialistischen" deutschen Staat — Diskontinuität und Kontinuität, NJ 1992, S. 49 ff.

Schönke, Adolf/Schröder, Horst: Kommentar zum Strafgesetzbuch, 24. Aufl. München 1991.

Scholderer, Frank: Rechtsbeugung im demokratischen Rechtsstaat, Baden-Baden 1993.

Schroeder, Friedrich-Christian: Zur Strafbarkeit von Tötungen in staatlichem Auftrag, JZ 1992, S. 990 ff.

ders.: Die Rechtswidrigkeit der Flüchtlingserschießungen zwischen Transzendenz und Immanenz, JR 1993, S. 45 ff.

ders.: Strafrechtliche Verantwortlichkeit für die Ausübung politischer Strafjustiz in der ehemaligen DDR, in: Lampe (Hrsg.), Deutsche Wiedervereinigung, aaO, S. 109 ff.

Schumacher, Björn: Rezeption und Kritik der Radbruchschen Formel, Diss. Göttingen 1985.

Schumann, Ekkehard: Fehlurteil und Rechtskraft, in: Festschrift für Eduard Böttlicher zum 70. Geburtstag, hrsg. von Bettermann und Zeuner, Berlin 1969, S. 289 ff.

Seebode, Manfred: Das Verbrechen der Rechtsbeugung, Neuwied/Berlin 1969.

Sendler, Horst: Die DDR ein Unrechtsstaat — ja oder nein?, ZRP 1993, S. 1 ff.

Simon, Dieter: Waren die NS-Richter "unabhängige Richter" im Sinne des § 1 GVG?, in: Diestelkamp/Stolleis (Hrsg.), Justizalltag im Dtitten Reich, Frankfurt am Main 1988, S. 11 ff.

Spendel, Günter: Mord durch ein "Standgericht", JuS 1988, S. 856 ff.

Stammler, Rudolf: Die Lehre von dem richtigen Rechte, Berlin 1902.

ders.: Wirtschaft und Recht nach der materialistischen Geschichtsauffassung. Eine sozialphilosophische Untersuchung, 4. Aufl. Berlin/Leipzig 1921.

Stein, Friedrich/Jonas, Martin: Kommentar zur Zivilprozeßordnung, Band 2 Teilband 2: §§ 300-510b, 20. Aufl. Tübingen 1989 (zit.: Stein/Jonas-Bearbeiter).

Stock, Ulrich: Das Ziel des Strafverfahrens, in: Festschrift für Edmund Mezger zum 70. Geburtstag, hrsg. von Engisch und Maurach, München/Berlin 1954, S. 429 ff.

Systematischer Kommentar zum Strafgesetzbuch: von Rudolphi, Hans Joachim/Horn, Eckhard/Samson, Erich, 6. Aufl. Neuwied/Kriftel/Berlin 1993, Stand: Juli 1994 (zit.: SK-Bearbeiter).

Triffterer, Otto: Was kann das Völkerstrafrecht zur Bewältigung der Regierungskriminalität in der DDR beitragen?, in: Lampe (Hrsg.), Deutsche Wiedervereinigung, aaO, S. 131 ff.

Vogel, Hans-Jochen: Mord sollte nicht verjähren, ZRP 1979, S. 1 ff.

Vormbaum, Thomas: Zur strafrechtlichen Verantwortlichkeit von DDR-Richtern wegen Rechtsbeugung. Anmerkungen zum Urteil des LG

Berlin vom 17. August 1992, NJ 1993, S. 212 ff.

Walther, Manfred: Hat der juristische Positivismus die deutschen Juristen im “Dritten Reich” wehrlos gemacht?, in: R. Dreier/Sellert (Hrsg.), Recht und Justiz im “Dritten Reich”, Frankfurt am Main 1989, S. 323 ff.

Wasserburg, Klaus: Die Wiederaufnahme des Strafverfahrens, Stuttgart/Berlin/Köln/Mainz 1983.

Wassermann, Rudolf: Unrecht durch DDR-Rechtsprechung, in: Festschrift für Günter Spendel zum 70. Geburtstag, hrsg. von Seebode, Berlin/New York 1992, S. 629 ff.

ders.: Zur Anwendung der sogenannten Radbruchschen Formel auf Unrechtsurteile der DDR-Justiz, NJW 1992, S. 8778 f.

Wein, Hermann: Das Problem des Relativismus. Philosophie im Übergang zur Anthropologie, Berlin 1950.

Weinkauff, Hermann: Der Naturrechtsgedanke in der Rechtsprechung des Bundesgerichtshofes, NJW 1960, S. 1689 ff.

Werle, Gerhard: Der Holocaust als Gegenstand der bundesdeutschen Strafjustiz, NJW 1992, S. 2529 ff.

Wesel, Uwe: Fast Alles, Was Recht Ist, Frankfurt am Main 1991.

Wielikowski, G. A.: Die Neukantianer in der Rechtsphilosophie, München 1914.

Wiethölter, Rudolf: Zum Fortbildungsrecht der (richterlichen) Rechtsfortbildung, KritV 1988, S. 1 ff.

Windelband, Wilhelm: Geschichte und Naturwissenschaft, in: ders., Präludien. Aufsätze und Reden zur Philosophie und ihrer Geschichte, Band 2, 7. u. 8. Aufl. Tübingen 1921, S. 136 ff.

Wolf, Erik: Umbruch oder Entwicklung in Gustav Radbruchs Rechtsphilosophie?, ARSP 45(1959), S. 481 ff.

ders.: Gustav Radbruchs Leben und Werk, in: Redbruch, Rechtsphilosophie, aaO, S. 17 ff.

Wullweber, Helga: Die Mauerschützen-Urteile, KJ 1993, S. 49 ff.

Zippelius, Reinhold: Das Wesen ders Rechts. Eine Einführung in die Rechtsphilosophie, 3. Aufl. München 1973.

부 록 1

법률적 불법과 초법률적 법[1)]

구스타프 라드브루흐

I.

민족사회주의는 두 가지 원칙을 수단으로 군부와 사법부를 장악했다. 그것은 바로 "명령은 명령이다"는 원칙과 "법률은 법률이다"는 원칙이었다. "명령은 명령이다"는 원칙은 결코 무제한적으로 적용되지는 않았다. 나치 군형법은 명령자가 범죄를 목적으로 행한 명령에 대해서는 복종의무가 없다고 명문으로 규정(군형법 제47조)했기 때문이다. 이에 반해 "법률은 법률이다"는 원칙에 대해서는 어떠한 제한도 없었다. 이 원칙은 법실증주의 사상의 표현으로, 수십 년 동안 아무런 저항도 받지 않고 독일의 법률가

1) 이 논문은 원래 「남독일 법률신문」(Süddeutsche Juristenzeitung), 1946년, 105면 이하에 처음으로 발표되었다. 그 이후 라드브루흐의 논문 모음집 「법에 비친 인간」(Der Mensch im Recht)에 실렸고, 그의 사후에 에릭 볼프(Erik Wolf)와 한스 페터 슈나이더(Hans-Peter Schneider)가 편집, 추록한 「법철학」(Rechtsphilosophie)의 부록에도 실려 있다. 아래의 번역은 'Radbruch Gesamtausgabe Bd.Ⅲ'(hrsg. von W. Hassemer), S. 83 ff.에 따른다(옮긴이).

들을 지배했다. 이 원칙에 따른다면, '법률적 불법'이나 '초법률적 법'은 그 자체 모순된 표현이다. 그러나 현재의 법실무는 다시 이 두 가지 문제를 처리해야 할 상황에 놓이게 되었다. 최근에 「남독일 법률신문」(SJZ 1946, S. 36)에 실린 비스바덴 지역법원(Amtsgericht Wiesbaden)의 한 판결은 이러한 맥락에서 이해할 수 있다. 이 판결은 "유태인의 재산을 국고에 귀속시키도록 규정한 법률은 자연법에 모순되며, 따라서 이 법률이 공포된 때부터 이미 무효였다"고 판시했다.

II.

형법의 영역에서도 특히 러시아 점령지역에서 이루어지는 법적 논의나 판결을 통해 같은 문제가 제기되어 있다.

1. 노르트하우젠(Nordhausen)에 있는 튀링엔 중죄법원(Schwurgericht)은 상인 괴티히(Göttig)를 밀고하여 결국 사형에 처하게 만든, 사법공무원 푸트파르켄(Puttfarken)에게 종신형을 선고했다. 푸트파르켄은 괴티히가 어느 공중변소에 남긴 낙서 "히틀러는 학살자이고, 전쟁은 그의 책임이다"는 글을 이유로 신고를 했다. 그러나 괴티히에 대한 유죄판결은 이 낙서뿐만 아니라, 그가 외국방송을 청취했다는 사실까지 포함시켜 이루어졌다. 푸트파르켄에 대한 튀링엔 주 검찰총장 쿠쉬니츠키 박사(Dr. Kuschnitzki)의 논고는 신문(Thüringer Volk, 1946.5.10.)에 자세히 보도되었다. 검찰총장은 먼저 "푸트파르켄의 행위가 위법성이 있는가"를 논의했다. "자신의 신고행위가 민족사회주의에 대한 신념에서 이루어진 것이라는 피고인의 주장은 법적으로 아무런 의미도 갖지 않는다. 왜냐하면

밀고를 해야 할 어떠한 법적 의무도 존재하지 않았고, 더욱이 정치적 신념에 따라 밀고를 해야 할 의무도 존재하지 않았기 때문이다. 히틀러 시대에도 그러한 법적 의무는 존재하지 않았다. 문제는 피고인이 과연 사법(Rechtspflege)에 봉사하기 위해 그러한 행위를 했는가 하는 점이다. 사법에 봉사했다고 말하기 위해서는, 사법이 법(Recht)을 말할 수 있는 힘을 갖고 있다는 사실을 전제해야 한다. 합법성, 정의를 추구하는 것 그리고 법적 안정성은 사법이 존재하기 위한 전제조건이다. 그러나 히틀러 시대의 정치적 사법은 이 세 가지 요건 가운데 그 어느 것도 충족시키지 못했다."

"히틀러 시대에 다른 사람을 밀고한 자는 자신이 피고인을 진실발견과 정당한 판결을 법적으로 보장하는 합법적 소송이 아니라, 완전한 자의(恣意)에 내맡긴다는 사실을 알아야 했고, 실제로 그러한 사실을 알고 밀고를 했다."

"따라서 본인은 이 문제에 관하여 예나(Jena) 대학교 법과대학 학장인 랑에(Lange) 교수가 제출한 법적 소견서를 그대로 원용하겠다. 즉 제3제국의 상황을 감안할 때 전쟁이 발발한 후 3년째에 누군가 '히틀러는 학살자이고, 전쟁은 그의 책임이다'라고 쓴 쪽지 때문에 재판을 받는다면, 결코 생명을 보존할 수 없을 것이라는 사실은 누구나 잘 알고 있었다. 푸트파르켄 같은 사법공무원이 사법이 어떻게 법을 왜곡시킬 것인지를 몰랐을 수는 없다. 오히려 그는 사법이 아주 완벽하게 법을 왜곡하리라는 신뢰를 가질 수 있었다."

"또한 형법 제139조에 따른 신고의무도 이 경우에는 존재하지 않았다. 물론 이 법규정에 따르면, 반역기도에 대해 믿을 만한 정보를 적시에 당국에 신고하지 않은 자는 처벌받도록 되어 있었다. 그리고 카쎌(Kassel) 고등법원이 괴티히를 반역예비죄로 사형에 선고한 것도 사실이다. 그러나 법적 의미에서 볼 때, 반역의 예비는 존재하지 않았다. 괴티히가 용기를 갖고 썼던 '히틀러는 학살자이고, 전쟁은 그의 책임이다'는 말은 명백한 진실이었을 뿐이다. 그가 그런 말을 공공연히 퍼뜨렸다고 해서 제국과 제국의 안전이 위협받지는 않았다(즉 반역죄의 구성요건해당성이 없다). 그는 오히려 제국을 파탄에 몰아 넣은 자를 제거하여 제국을 구하려고 했을 뿐이다. 따라서 그의 행위는 반역죄의 정반대에 해당한다. 이 명백한 사실을 법률적 형식논리로 은폐하려는 어떠한 시도도 거부되어야 마땅하다. 더욱이 이른바 영도자(Führer)이자 제국수상이었던 히틀러를 과연 합법적 국가원수이자 반역죄의 보호객체로 볼 수 있는지조차 의심스럽다. 피고인 푸트파르켄은 신고를 할 때 괴티히의 행위가 법적으로 어떠한 의미를 갖는지에 대해 깊이 생각한 적이 없으며, 또한 그의 통찰능력에 비추어 볼 때 그러한 생각을 할 수도 없었다. 그가 괴티히의 행위를 반역예비죄로 보았고, 그래서 신고할 의무를 느꼈다고 진술한 적은 없다."

다음에 검찰총장은 "푸트파르켄의 행위가 유책한가?"의 문제를 다루었다.

"푸트파르켄은 자신이 괴티히가 사형에 처해지는 것을 적극적으로 의욕했다는 사실을 기본적으로 시인했다. 몇명의 증인도 이 사실을 확인했다. 이는 형법 제211조의 살인(Mord)의 고의에 해당한다. 제3제국의 한 법원이 괴티히에게 사형을 선고했다는 사정은 푸트파르켄의 정범(Täterschaft) 성립여부에 아무런 영향을 미치지 않는다. 그는 간접정범이다. 물론 제국법원의 판례에 의해 발전된 간접정범이라는 개념이 원칙적으로 이 사건과는 다른 경우, 특히 간접정범이 의사능력과 책임귀속능력이 없는 자를 도구로 이용한 경우를 대상으로 했다는 점은 인정할 수 있다. 독일의 한 법원이 범죄의 도구로 이용되는 상황이 발생하리라고는 그 어느 누구도 생각하지 못했다. 그러나 우리는 지금 바로 그러한 상황에 놓여 있다. 푸트파르켄 사건이 유일한 사건으로 남지는 않을 것이다. 법원이 불법적인 판결을 선고하면서 형식적 합법성을 준수했다는 사실이 간접정범의 성립을 불가능하게 만들지는 않는다. 더욱이 1946년 2월 8일에 공포된 튀링엔주 법률보충법(Ergänzungsgesetz)에 의해 간접정범의 논리구성과 관련된 몇 가지 난점들도 제거되었다. 즉 이 법률은 제2조에서 의문을 제거할 목적에서 형법 제47조 제1항에 다음과 같은 보충을 가했다: '직접 또는 타인을 이용하여 가벌적인 행위를 유책하게 수행한 자는, 설령 타인이 합법적으로 행위했더라도 처벌된다.' 이 법률로 인해 소급효를 갖는 새로운 실체법이 제정된 것은 아니며, 단지 1871년부터 효력을 갖는 현행형법에 대한 유권해석을 마련했을 뿐이다."[2)]

"나 자신도 찬반논거를 면밀히 검토해 볼 때, 살인죄의 간접정범을 인정하는 것에 대해 반론을 제기할 수 없다고 생각한다. 하지만 만일 재판부가 이와 다른 견해를 갖게 되면 어떠한 문제가 발생할 것인지를 생각해 보자. 간접정범의 논리구성을 거부한다면, 결국 법과 법률에 반하여 괴티히를 사형에 처한 법관들을 살인자로 보는 것 이외의 다른 결론이 있을 수 없다. 그렇다면 피고인은 살인의 방조범(Beihilfe)이 되며, 그에 따라 처벌되어야 할 것이다. 또 다른 반론들을 재반박해야 한다면 —내가 그러한 반론들을 무시하는 것은 물론 아니다—, 1946년 1월 30일에 연합국 통제위원회가 공포한 법률 제11호를 근거로 제시할 수 있다. 이 법률 제2조c에 따르면, 피고인 푸트파르켄은 반인류범죄(Verbrechen gegen Menschlichkeit)로 처벌될 수 있다. 이 법률은 한 나라의 국내법이 침해되었는가를 대상으로 하지 않는다. 이 법률은 반인간적인 행

2) 리히아르트 랑에(Richard Lange) 교수는 그의 형법 주석서(StGB in der Thüringischen Fassung, Weimar 1946)에서, "행위자가 범죄목적을 실현하기 위해 사법을 오용한 경우(소송사기, 정치적 밀고 등)에 간접정범을 인정하는 것에 대해서는 여러 가지 의문이 제기되었다. 이런 의미에서 1946년 2월 8일에 공포된 법률보충법 제2조는 이용을 당한 자가 공무를 수행했거나 그 자신 합법적으로 행위했을 때에도 간접정범이 성립한다는 사실을 분명히 했다"고 쓰고 있다.

위와 정치적·인종적 또는 종교적 근거에서 행해진 박해를 처벌하기 위한 것이다. 제2조와 제3조에 따르면, 그와 같은 범죄를 저지른 자에 대해서는 법원이 정당하다고 결정한 형벌을 부과할 수 있다. 사형 또한 가능하다."[3]

"나는 법률가로서 오로지 법률적 평가에 나의 견해를 국한시키는 데 익숙해 있다. 하지만 문제를 직업적 관점에 한정시키지 않고, 상식에 비추어 고찰하는 것이 언제나 바람직하다. 법적 사고는 법적 근거를 갖는 판결에 도달하기 위해 책임의식을 가진 법률가들이 이용하는 수단에 지나지 않는다."

튀링엔 배심법원은 간접정범이 아니라 살인방조로 푸트파르켄에게 유죄를 선고했다. 그렇다면 괴티히에게 법과 법률에 반하여 사형을 선고한 법관들이 살인의 책임을 부담해야 할 것이다.[4]

---

3) 연합국 통제위원회의 법률 제10호에 따른 가벌성에 관해서는 아래에서 논의하지 않겠다. 독일 법원은 일차적으로 그에 대한 관할권이 없기 때문이다(동법 제3조 1d).

4) 밀고와 관련된 다른 소송으로는 숄(Scholl) 남매[히틀러에 저항한 지하단체 백장미(Weiße Rose)를 결성했던 한스 숄과 소피 숄 남매. 두 사람 모두 1943년에 나치에 의해 처형되었다 – 옮긴이]를 밀고한 자들에 대한 뮌헨 지역법원의 재판이 있다. 탈나치화(Denazifizierung)는 정치적 및 도덕적으로 저열한 심정에 대항하는 것이며, 따라서 그러한 심정을 행동으로 옮긴 것이 합법적이었느냐 또는 유책한 것이었느냐는 고려할 필요가 없다. 이 점에서 나치의 과거를 청산하는 형사사법은 통상의 형사사법과 구별되며, 양자가 중첩되는 경우에도 이 점을 고려해야 할 것이다. 이에 관해서는 「민족사회주의 및 군국주의로부터 해방을 위한 법률」(Gesetz zur Befreiung von Nationalsozialismus und Militarismus), 제22조 참고.

☞ 이 법률 제22조는 다음과 같다.

(1) 민족사회주의자와 군국주의자의 범죄행위는 이 법률에 의해 독립적으로 소추될 수 있다. 이는 특히 전쟁범죄 및 민족사회주의 폭력정권 하에서 처벌되지 않았던 기타 범죄행위에 적용된다.

(2) 동일한 행위에 대한 형사법원의 소추와 이 법률에 따른 형사소송이 별개로 이루어질 수 있다. 다만 이 법률에 따라 부과된 형벌은 형사법원이 동일한 행위를 근거로 부여한 형벌을 고려하여 선고될 수 있다.

2. 작센(Sachsen) 주 검찰총장인 슈뢰더 박사(Dr. J. U. Schroeder)는 얼마전 한 언론(Tägliche Rundschau, 1946.3.14.)에서, 설령 민족사회주의의 명문의 법률에 근거하여 내려진 것일지라도 "비인간적인 판결에 대해서는 형법적 책임을 묻겠다"는 의도를 밝혔다.

"민족사회주의 일당국가의 입법 —이에 근거하여 수많은 사형판결이 내려졌다— 은 전혀 법적 타당성을 갖고 있지 않다."

"그러한 입법은 이른바 「수권법」(Ermächtigungsgesetz)[5]에 근거하고 있지만, 수권법은 헌법상 요구되는 2/3의 동의도 받지 않은 채 제정되었다. 히틀러는 강제로 공산당의 제국의원들이 의결에 참석하지 못하도록 했으며, 면책특권을 묵살하고 그들을 체포하도록 명령했다. 나치의 추종자들이 아니었던 나머지 의원들도 나치돌격대(SA)의 협박을 받고, 수권법에 찬성하도록 강요당했다."[6]

"어떠한 법관도 부정당할 뿐만 아니라, 심지어 범죄적인 법률을 근거로 판결을 내릴 수는 없다. 우리는 모든 실정규범을 초월한 인권, 즉 박탈할 수 없는 근원적인 권리를 원용한다. 그러한 권리에 근거하면 비인간적인 폭군의 범죄적인 명령은 그 효력이 부정된다."

"나는 이러한 고려에서 인간성의 원칙에 합치하지 않는 판결을 선고했고, 무효인 법률에 근거하여 사형을 선고한 법관들을 형사소추해야 한다고 생각한다."[7]

---

5) 1933년 3월 24일에 제정된 「수권법」의 정확한 명칭은 「민족과 국가의 위난을 배제하기 위한 법률」(Gesetz zur Behebung der Not von Volk und Reich)이다. 이 법률에 의해 국가권력이 실질적으로 나치에 의해 장악되었다(옮긴이).

6) 이렇게 볼 때, 과연 혁명적으로 성립한 질서가 '사실의 규범력'에 의해 효력을 갖는 법이 될 수 있는가 하는 문제를 논의할 필요가 있을지도 모른다. 또한 수권법이 공산당원을 배제함으로써 비로소 2/3 이상의 동의가 성립했다는 보도도 동료인 옐리네크(Jellinek) 박사의 친절한 지적에 따르면 맞지 않다.

7) 적법성이 없는 재판에 대한 형법적 책임에 관해서는 Buchwald, Gerechtes Recht, Weimar 1946, S. 5 ff. 참고.

3. 할레(Halle)에서는 사형집행인 클라이네(Kleine)와 로제(Rose)가 수많은 불법처형에 적극 가담한 사실 때문에 사형선고를 받았다고 전해졌다. 클라이네는 1944년 4월부터 1945년 3월 사이에 무려 931건의 사형집행에 가담했고, 그 대가로 총 26,433 제국마르크(RM)를 받았다고 한다. 그에 대한 유죄판결은 연합국 통제위원회 법률 제10호(반인류범죄)를 근거로 삼은 것 같다. "두 피고인은 자신들의 잔인한 직무를 자발적으로 수행했다고 볼 수밖에 없다. 왜냐하면 모든 사형집행인은 건강 또는 기타의 이유로 언제든지 직무를 그만둘 수 있는 자유가 있었기 때문이다."(Liberaldemokratische Zeitung, Halle, 1946. 6. 12.)

4. 이밖에도 작센 주에서 생긴 다음과 같은 사건(1946년 5월 9일의 작센 주 검찰총장 슈뢰더 박사의 기사)이 알려졌다. 동부전선에 배치되어 전쟁포로 감시업무를 수행하던 한 작센 출신 사병이 1943년에 탈영을 했다. 그의 말에 따르면 "포로들이 당하는 비인간적인 대우에 혐오감을 느끼고, 히틀러 군대에 봉사하는 일에 지쳤다"고 한다. 그는 어쩔 수 없이 처가로 피신했지만, 그곳에서 발각되어 헌병에게 압송당했다. 압송 도중에 그는 헌병이 눈치채지 못하게 자신의 권총을 뽑아 그 헌병을 등 뒤에서 사살했다. 그는 1945년에 스위스에서 작센으로 돌아왔다. 그는 체포되었고, 검찰은 공무원을 살해한 죄로 공소를 제기했다. 검찰총장은 그의 석방과 기소중지를 지시했다. 검찰총장은 그의 행위가 형법 제54조(긴급피난)에 해당한다고 보고, 그 근거를 다음과 같이 설명했다. "그 당시 법을 집행하는 자들이 법이라고 공표한 것들은 이제 더 이상 효력이 없다. 히틀러와 카이텔(Keitel; 히틀러에게 끝까지 충성했던 나치군 총사령관. 뉘른베르크 전범재판에서 사형을 선고받고 처형당했다)의 군대에서 탈영한 행위는 우리의 법적 견해에 비추어 볼 때, 그 탈영병을 비난하고 처벌해야 할 잘못에 해당하지 않는

다. 탈영은 결코 그에게 책임을 물어야 할 근거가 되지 못하기 때문이다.”

이와 같이 도처에서 법률적 불법과 초법률적 법의 관점에서 법실증주의에 대한 투쟁이 전개되고 있다.

III.

법실증주의는 실제로 ‘법률은 법률이다’는 확신으로 인해 독일의 법률가계급을 자의적이고 범죄적인 내용의 법률에 저항하지 못하는 무기력한 존재로 만들어버렸다. 법실증주의는 결코 자신의 힘으로 법률의 효력근거를 제시할 수 없다. 법실증주의는 법률의 효력이 법률을 관철할 힘을 갖고 있다는 사실로 입증된다고 믿는다. 그러나 힘에 근거하여 필연(Müssen)이 발생할 수 있을지 모르지만, 결코 당위(Sollen)와 타당성(Gelten)이 발생하지는 않는다. 당위와 타당성은 오로지 법률에 내재하는 가치에 근거할 수 있을 뿐이다. 물론 모든 실정법은 그 내용과는 관계없이 하나의 가치를 실현한다. 즉 법률은 법적 안정성(Rechtssicherheit)을 보장하기 때문에, 무법상태보다는 더 낫다. 그러나 법적 안정성이 법이 실현해야 할 유일한 가치는 아니며, 또한 결정적 가치도 아니다. 법적 안정성과 더불어 합목적성(Zweckmäßigkeit)과 정의(Gerechtigkeit)라는 두 가지 다른 가치가 존재한다. 이 가치들 사이의 우선순위와 관련해서는, 공공복리(Gemeinwohl)를 위한 법의 합목적성이라는 가치를 맨 마지막에 놓아야 할 것이다. ‘국민에게 유용’하다고 해서 법이 되는 것은 아니며, 오히려 법적 안정성을 보장하고 정의를 추구하는 진정한 법만이 국민에게 유용하기 때문이다. 모든 실정법이 그 실정성(Positivität) 때문에 갖게 되는 법적 안정성은 합목적성과 정의의 중간에 위치하는 특수성을 갖고 있다. 즉 법적 안정성은 공공복리의 요청이자 동시에 정의의 요청이기도 하다. 법이 안정성을 갖는다는 것, 다시 말해서 지금 여기서 해석・적용되는 법과 내일 저기서 해석・적용되는 법이 다르지 않다는 것은 정의의 요청이기도 하다. 법적 안정성과 정의, 내용이 부정당하지만 실정성을 갖는 법률과 내용이 정당하지만 법률의 형식에 담기지 않은 법 사이에 대립이 발생하면, 결국 정의가 자기 자신과 빚는 갈등, 표면상의 정의와 진정한 정의 사이의 갈등이 존재하게 된다. 이러한 갈등을 복음서는 이렇게 표현하고 있다. 즉 한편에서는 "너희를 지배하는 관헌에게 복종하라"고 명령하고, 다른 한편에서는 "인간보다는 신에게 더 복종하라"고 명령한다.

정의와 법적 안정성 사이의 갈등은 다음과 같이 해결할 수 있을 것이다. 즉 규정(Satzung)과 권력에 의해 보장된 실정법은 그 내용이 정의롭지 못하고 합목적성이 없다고 할지라도 일단은 우선권을 갖는다. 그러나 실정법률의 정의에 대한 위반이 참을 수 없는 정도에 이르렀다면, '부정당한 법'인 그 법률은 정의에게 자리를 물려주어야 할 것이다. 물론 어떠한 경우에는 법률적 불법이며 어떠한 경우에는 비록 부정당한 내용을 지녔지만 그럼에도 효력을 갖는 법률인지를 확연하게 구별하는 것은 불가능하다. 그러나 한 가지 경계선만은 명백하게 확정할 수 있다. 즉 결코 정의를 추구하지 않는 경우, 다시 말해서 실정법을 제정하면서 정의의 핵심을 이루는 평등을 의식적으로 부정한 경우, 그 법률은 단순히 '불법'에 그치지 않고, 법의 성질 자체를 갖고 있지 않다. 왜냐하면 실정법을 포함한 모든 법은 정의에 봉사하는 의미를 갖는 질서와 규정이라고 개념정의할 수밖에 없기 때문이다. 이러한 기준에 비추어 보면, 나치의 법은 결코 효력을 갖는 법이라고 말할 자격을 갖추고 있지 않다.

히틀러의 인격이 갖고 있는 가장 뚜렷한 속성 — 그것은 모든 민족사회주의 '법'의 본질을 구성하는 것이기도 하다 — 은 진리와 법에 대한 감각이 완전히 상실되어 있었다는 점이었다. 진리에 대한 감각을 조금도 갖고 있지 않았기 때문에 그는 자신의 선동적인 연설이 효력을 발휘하면 어떠한 수치심과 주저함도 없이 바로 그것이 진리라고 규정할 수 있었다. 또한 법에 대한 감각을 전혀 갖고 있지 않았기 때문에 그는 노골적인 자의를 법률로 만드는 데 아무런 의문도 갖지 않을 수 있었다. 그래서 그의 통치 초창기에 포템파의 살인자들(Potempa-Mörder)[8]을 고무·격려하는 전보가 있었고, 말기인 1944년 7월 20일에 순교자들에 대한 잔학한 처형이 있었다. 포템파판결과 관련하여 알프레드 로젠베르크(Alfred Rosenberg: 나치 이데올로기의 신봉자. 1934년부터 '영도자'의 위임을 받아 나치의 정신적·세계관적 원리를 교육하는 사업을 지휘·감독했다. 전범재판에서 사형을 선고받고 처형되었다)는 이미 'Völkischer Beobachter'에 다음과 같은 이론을 내세웠다. "인간이라고 모두 같은 인간이 아니며, 살인이라고 모두 같은 살인인 것은 아니다. 프랑스에서는 평화주의자 조레(Jaures: 프랑스의 사회주의 정치가. 1904년에 사회주의 정당을 결성했고, 독일과 프랑스의 전쟁을 반대하는 평화주의자였다. 1914년 민족주의자에 의해 암살당했다)에 대한 살인과 민족주의자 끌레망쏘(Clemenceau: 프랑스의 급진우파 정치가. 1906-1909년에 총리를 역임했고, 1차대전 때에도 총리가 되어 전쟁을 지휘했다. 전쟁이 끝난 후 베르사이유 평화회의 의장을 했다)에 대한 살해기도는 서로 다르게 평가된다. 즉 애국심에서 살인을 한 범인에게

8) 1932년 9일 저녁 오버슐레지엔 지방의 포템파라는 마을에서 다섯 명의 나치돌격대(SA)들이 한 공산당원을 무참히 살해한 사건이 발생했다. 이 사건에 대해 보이텐(Beuthen) 지방법원은 피고인들에게 사형을 선고했다. 그러나 나치의 압력을 받던 제국수상 파펜(Papen)은 형량을 종신형으로 감형했고, 나치가 권력을 장악한 후 살인자들은 사면되었다(옮긴이).

(민족사회주의 입장에서 볼 때) 반민족적 행위동기를 가진 자와 같은 형벌을 부과하는 것은 있을 수 없는 일이다.” 이것만 보더라도 민족사회주의 ‘법’은 처음부터 정의의 본질적 요청인 “같은 것은 같게 취급하라”는 평등원칙을 의도적으로 묵살했음을 뚜렷이 알 수 있다. 따라서 민족사회주의 ‘법’은 법의 성질 자체를 갖고 있지 않으며, 단순히 부정당한 법이 아니라, 아예 법이 아니다. 특히 나치가 정당이라는, 국가를 구성하는 한 부분으로서의 성격을 거부하고 전체주의 국가를 장악하기 위해 만든 모든 규정들은 어떠한 의미에서도 법이라 할 수 없다. 또한 인간을 인간 이하로 취급하고 인권을 부정하는 모든 법률들도 법의 성질을 결하고 있다. 그리고 범죄의 경중을 고려하지 않은 채 단지 순간적인 위협을 목적으로 상이한 범죄행위에 대해 대개는 사형이라는 동일한 형벌을 부과한 형벌규정들도 법으로서의 성질을 갖고 있지 않다. 이 모든 것들은 법률적 불법일 뿐이다.

그러나 12년간의 폭정을 체험한 직후인 이 순간에도 ‘법률적 불법’이라는 개념, 즉 실정법의 법적 성질을 부정하는 것이 법적 안정성에 위험을 초래할 수 있다는 사실을 잊어서는 안 된다. 우리는 그러한 불법이 독일 민족이 일으킨 단 한 번의 착오와 혼동으로 남기를 희망해야 한다. 우리는 민족사회주의 입법의 오용과 남용에 저항할 힘을 모두 빼앗아버린 법실증주의를 완전히 극복함으로써 그러한 불법국가가 다시는 반복되지 않도록 우리 스스로를 무장해야 한다.[9)]

---

9) 초법률적 법에 관해서는 Buchwald, 앞의 책, 8면 이하; Roemer, in: SJZ S. 5ff. 참고.

Ⅳ.

이 모든 내용은 미래에도 적용된다. 지난 12년 동안의 법률적 불법에 대해서도 우리는 법적 안정성을 가능한 한 최소한으로 희생시키면서 정의의 요청을 실현하도록 노력해야 한다. 과거의 법률적 불법을 청산하기 위해 개개의 법관 스스로 법률을 제정하도록 해서는 안 되며, 그러한 과제는 오로지 상급법원이나 입법에게 맡겨져야 한다(같은 견해로는 Klein, SJZ S. 36). 이미 미국 점령지역에서는 각주 대표회의(Länderrat)와 협의하여 「형사사법에 의한 나치 불법의 보상을 위한 법률」이 제정되었다. 이 법률은 "민족사회주의 또는 군국주의에 저항하기 위해 행해진 정치적 행위는 가벌성이 없다"고 규정함으로써 예컨대 탈영병 사건(II 4.)은 해결된 셈이다. 이에 반해 위 법률의 자매법이라 할 수 있는 「나치 범죄행위의 처벌을 위한 법률」을 앞에서 언급했던 사례들에 적용할 수 있기 위해서는, 그러한 행위가 행위시의 법에 따르더라도 이미 가벌성이 있는 행위였음을 전제할 수 있어야 한다. 따라서 우리는 이 법률과는 관계없이 제국형법(RStGB 구 독일형법)에 따라 앞의 세 가지 사례의 가벌성을 심사해야 한다.

앞에서 언급한 밀고자 사건과 관련하여, 그들이 밀고를 하면서 살인의 고의를 갖고 있었고, 이를 실현하기 위해 형사법원을 도구로 그리고 형사소송의 법적 자동장치를 수단으로 이용했다면, 살인죄의 간접정범을 인정하는 데 이의가 있을 수 없다. 특히 "행위자가 피의자를 제거함으로써, 예컨대 그의 부인과 결혼하거나 또는 그의 주택이나 직장을 빼앗거나 또는 복수심을 충족하는 것 등의 이익을 얻으려 했다면"(예나의 리히아르트 랑에 교수의 소견서에 따름) 살인의 고의가 명백히 존재한다.[10] 복종의무자에 대한 명령권을 범죄를 목적으로 남용한 자가 간접정범인 것과 마찬가지로, 범죄를 목적으로 밀고를 함으로써 사법기관이 작용하도록 한 자 또한 간접정범이 된다. 특히 간접정범이 특정한 형사법관의 정치적 성향—그것이 정치적 광기 때문이든 아니면 당시의 권력자의 억압 때문이든—을 충분히 알 수 있었고 또한 사실상 알고 있었던 경우라면 명백히 법원을 단순한 도구로 이용한 것이다. 밀고자가 이러한 고의가 없이, 단지 법원에게 정보를 제공하고 그에 대한 결정은 법원에게 맡겼다면, 법원이 판결과 집행을 통한 살인죄의 책임을 부담할 때에만, 그 밀고자를 원인제공자로서 사형판결과 그 집행에 대한 방조범으로 처벌할 수 있다. 실제로 노르트하우젠 법원은 이러한 법리구성을 채택했다.

법관에 대해 살인의 가벌성을 인정하기 위해서는 그가 법왜곡죄(형법 제336조, 제344조)를 범했다는 사실이 동시에 확인되어야 한다. 왜냐하면 독립된 법관의 판결은 법관의 독립을 보장하기 위한 원칙인 법과 법률에 대한 구속원칙을 위반했을 때에만 처벌대상이 되기 때문이다. 우리 법문화가 발전시킨 원칙들에 비추어, 적용된 법률이 결코 법이 아니고, 또한 적용된 형벌(예컨대 자유재량에 따라 선고된 사형)이 정의에 대한 의지를 완전히 조롱하는 것이었음이 확인될 수 있다면, 객관적으로 법왜곡이 존재한다. 하지만 법실증주의의 지배하에 잘못된 교육을 받아 제정법의 절대성만을 알았던 법관들이 실정법을 적용하면서 법왜곡의 고의를 가질 수 있었을까? 설령 그들이 법왜곡의 고의를 가졌더라도, 그들에게는 법률적 불법으로서의 민족사회주의 법 자체가 그들에게 가했던 생명의 위협을 근거로 형법 제54조의 긴급피난을 원용하는 최후의 구제방법이 남아 있다. 이는 정말 받아들이기 고통스

10) 물론 행위자의 고의를—'주관적 불법요소'의 방식에 따라—근거로 행위매개자에게는 존재하지도 않은 위법성을 간접정범에게는 존재한다고 파악하는 것은 공범이론에서는 극단적 주관주의에 속한다.

러운 결론이다. 왜냐하면 정의를 지향해야 하는 법관의 직업윤리는 어떠한 대가 —설령 그것이 생명일지라도— 를 치루더라도 지켜야 마땅하기 때문이다.

두 명의 사형집행인의 가벌성 문제는 가장 간단하게 해결할 수 있다. 우리는 사람을 죽이는 일을 직업으로 삼는 자에 대해 편견을 가져서는 안 되며, 당시에 그 직업이 아주 수입이 좋았다는 사실을 결정적인 측면으로 생각해서도 안 된다. 사형집행인이라는 직업은 예전부터 일종의 상속직업이었고, 이 직업을 가진 사람들은 항상 자신들은 단지 집행만 할 뿐이고, 심판은 고매하신 판사님들의 일이라는 사실로 용서를 구하는 경향이 있다. "주인님들은 재난을 막으시고, 나는 그분들의 판결을 집행할 따름이다"는 1689년에 생긴 이 말은 사형집행인의 칼날이 번쩍일 때마다 그들의 입에 오르내리곤 했다. 한 법관의 사형판결이 법왜곡에 따른 것일 때에만 살인의 가벌성이 있는 것과 마찬가지로, 사형집행인은 그의 처형행위가 형법 제345조의 구성요건을 충족할 때, 즉 집행될 수 없는 형벌을 고의로 집행한 때에만 처벌될 수 있다. 칼 빈딩(Karl Binding, Lehrbuch, Besonderer Teil, Bd. 2, 1905, S. 569)은 제345조의 구성요건과 관련하여, 집행인과 집행가능한 판결의 관계는 법관과 법률의 관계와 유사하다고 말한다. 즉 집행인의 유일한 의무는 판결을 정확히 집행하는 것뿐이며, 판결이 집행인의 모든 행위를 규정한다는 것이다. "집행인이 판결을 그대로 준수했다면 그의 행위는 정당하며, 판결과 다른 집행을 했다면 그의 행위는 부정당하다. 따라서 판결집행의 유일한 척도가 되는 권위를 부정했다는 점이 제354조가 규정한 범죄의 핵심이기 때문에, 이를 판결왜곡(Urteilsbeugung)이라고 부를 수 있다." 판결의 합법성에 대한 심사는 사형집행인의 의무가 아니다. 설령 사형집행인이 판결의 불법성을 알고 있었더라도 그에게 책임을 물을 수는 없으며, 자신의 직업을 포기하지 않은 행위를 위법한 부작위로 책임귀속을 할 수도 없다.

V.

나는 노르트하우젠 배심법원에서 쿠쉬니츠키 박사가 말했던 것처럼 '법률적 형식논리'가 '명백한 사실'을 은폐하는 경향이 있다고 생각하지는 않는다. 오히려 법적 안정성이 부정된 지난 12년 동안의 체험에 비추어 볼 때, '법률적 형식논리'에 따른 사고를 통해 모든 유혹을 물리치는 것이 그 어느 때보다도 필요하다고 생각한다. 물론 12년 동안 협박과 억압을 체험한 자들이 그러한 유혹을 쉽사리 물리칠 수 없다는 것은 충분히 납득이 간다. 하지만 우리는 정의를 추구하면서 동시에 법적 안정성을 고려해야 한다. 왜냐하면 법적 안정성 자체가 정의의 한 구성부분이기 때문이다. 따라서 우리는 이 두 가지 사상을 최대한으로 충족시키는 법치국가를 건설해야 한다. 민주주의는 분명 찬양해야 마땅할 가치이며, 법치국가는 일상의 양식이나 마실 물과 숨쉴 공기와 같은 것이다. 민주주의가 갖는 최고의 가치는 바로 민주주의만이 법치국가를 보장할 수 있다는 사실이다.

부록 2

5분간의 법철학*

구스타프 라드브루흐

1분

군인들에게 "명령은 명령이다." 법률가들은 "법률은 법률이다"라고 말한다. 그러나 명령이 범죄를 목적으로 할 때에는 군인들은 그 명령에 복종할 의무가 없고, 또한 그 명령에 대한 복종을 강요할 권리도 없다. 이에 반해 약 100년 전에 마지막 자연법론자들이 세상을 떠난 이후부터 법률가들에게는 법률의 효력과 수범자의 복종과 관련하여 어떠한 예외도 인정하지 않는다. 법률은 법률이기 때문에 효력을 가지며, 전반적으로 자신을 관철할 힘을 갖고 있다면 그것만으로 곧 법률이 된다.

법률과 그 효력에 대한 이러한 생각(이를 실증주의적 이론이라

* 나치가 몰락한 이후 라드브루흐가 첫 번째로 발표한 이 글은 원래 라인-네카 신문(Rhein-Neckar-Zeitung) 1945년 9월 12일자에 실린 기고문이다. 그 다음 해인 1946년에 발표하게 되는 '법률적 불법과 초법률적 법'에 서술된 내용의 원형을 이 글에서 찾을 수 있다. 번역은 Gustav Radbruch Gesamtausgabe, Bd. III (bearbeitet von Winfried Hassemer), 1990, 78-79면에 따랐다.

부른다)은 법률가들과 국민들로 하여금 너무나도 자의적이고, 너무나도 잔혹하고 또한 너무나도 범죄적인 법률에 대해 아무런 저항도 하지 못하게 만들었다. 이 실증주의 이론은 결국 법과 권력을 동일시하고, 권력이 있는 곳에만 법이 있다고 여긴다.

2분

법과 권력을 같은 것으로 여기는 이러한 문장을 "법은 국민에게 유용한 것이다"라는 문장으로 보충 또는 대체하려고 시도하기도 했다.

즉 자의, 계약파괴, 위법한 행위도 그것이 국민에게 유용하기만 하다면 법이라는 것이다. 이는 사실상 국가권력의 소유자가 공익에 기여한다고 제멋대로 생각하는 것, 독재자의 순간적인 생각이나 기분, 법률과 재판이 없이 부여된 형벌, 법률에 아무런 근거도 없이 병든 자를 살인하는 것도 법이 된다는 것을 뜻한다. 더욱이 지배자인 자신들에게 유용한 것을 공익이라고 포장할 수도 있다. 바로 그렇기 때문에 이른바 국민의 이익에 봉사하는 것과 법을 동일시함으로써 법치국가는 불법국가로 전락했었다.

그래서는 안 된다. 국민에게 유용한 것이라면 무엇이나 법이 되는 것이 아니라, 오직 법만이 국민에게 유용한 것이다.

3분

법은 정의를 향한 의지이다. 정의는 대상이 누구인지를 감안하지 않고(ohne Ansehen der Person) 재판한다는 것, 즉 모든 것을 똑같은 잣대로 가늠한다는 것을 뜻한다.

만일 정적을 살해한 것을 칭송하고, 다른 인종에 대한 살상을 명령하면서도, 자기들 편 사람들에 대한 살인은 극도로 무자비하고 잔혹한 형벌로 처벌한다면, 그것은 정의도 법도 아니다.

예를 들어 제멋대로의 기준에 따라 어떤 사람에게는 인권을 인정하고 어떤 사람에게는 인권을 부정하는 것과 같이, 법률이 정의를 향한 의지를 의식적으로 부정한다면, 그러한 법률은 효력이 없으며, 따라서 국민은 그 법률에 복종할 의무가 없으며, 법률가들 역시 그러한 법률로부터 법적 성격을 박탈할 용기를 가져야 한다.

4분

물론 정의 이외에도 공익 역시 법의 목표 가운데 하나이다. 그리고 심지어 나쁜 법률일지라도 법률 그 자체가 여러 가지 의문들을 불식하는 안정성을 보장한다는 점에서 나름의 가치를 지니고 있는 것도 사실이다. 또한 인간의 불완전성 때문에 공익, 법적 안정성, 정의라는 세 가지 가치 모두가 서로 조화를 이루게 하지 못하는 것 또한 사실이다. 그렇기 때문에 나쁜 법률, 해악을 가져오는 법률 또는 부정의한 법률일지라도 법적 안정성을 기하기 위해 효력을 인정해야 할 것인지 아니면 그 부정의한 성격이나 공동체에 해악이 되는 성격 때문에 효력을 부정해야 할 것인지를 저울질하지 않을 수 없게 된다. 그렇지만 어떠한 경우일지라도 그 부정의성과 공동체에 대한 해악이 너무나도 큰 나머지 효력, 즉 그 법적 성격을 박탈해야만 하는 법률도 존재할 수 있다는 점을 국민과 법률가는 명심해야 한다.

5분

어떠한 법제정보다 우선하는 법원칙이 존재한다. 이러한 원칙을 자연법 또는 이성법이라 부른다. 물론 그 구체적인 내용에 대해서는 여러 가지 의문이 있다. 그러나 수 세기에 걸친 노력은 그러한 원칙들의 확고한 핵심을 밝혀냈고, 이른바 인간과 시민의 권리에 대한 선언에 담긴 내용은 그러한 핵심과 거의 일치한다. 이 가운데 대부분은 오로지 의도적으로 회의하려는 사람만이 그 내용에 대해 의문을 품을 수 있을 것이다.

이 법원칙과 동일한 사상은 두 개의 성경구절에도 종교적 언어로 분명하게 표현되어 있다. 즉, 성경에는 "누구든 자신을 지배하는 권세에 복종하라"고 쓰여 있는 반면, "사람보다 하느님에게 복종하라"고도 쓰여 있다. 이는 그저 헛된 희망에 그치는 것이 아니라, 효력을 갖는 하나의 법원칙이다. 이 두 구절 사이의 긴장관계를 "황제의 것은 황제에게, 하느님의 것은 하느님에게"라는 또 다른 성경구절로 해소할 수는 없는 일이다. 왜냐하면 이 구절 역시 그 경계가 어디에 있는지에 대한 의문을 갖게 만들기 때문이다. 오히려 구체적인 경우에 비추어 각 개인의 양심을 향해 말을 걸어오는 신의 목소리만이 해결의 열쇠를 쥐고 있다.

부록 3

법률과 법[*]

우리가 지금 체험하고 있는 이 역사적 유례가 없는 대지진은 땅위의 돌들만을 온통 흩트려 놓은 것이 아니라, 땅 속 깊이 박혀 흔들림이 없던 지반까지 드러나게 만들 정도로 엄청난 것이다.

'법률과 법'이라는 표현은 늘 같은 뜻을 지닌 두 단어일 뿐이라고 생각해 왔다. 우리에게 모든 법률은 곧 법이었고, 모든 법은 곧 법률이며, 법학이란 법률해석일 따름이고, 판결은 전적으로 법률적용일 뿐이었다. 이러한 태도를 우리는 실증주의라고 부르며, 오로지 법률만을 법으로 인정하는 이 실증주의야말로 민족사회주의 시절의 법적 상황에 대해 독일의 법학이 함께 책임져야 할 죄악이다.

왜냐하면 실증주의는 우리로 하여금 불법일지라도, 일단 법률의 형식을 갖추고 있는 한, 그 불법에 대해 아무런 저항도 하지 못하도록 만들었기 때문이다. 우리는 이제 법률의 형식을 갖춘 불법, 즉 '법률적 불법'이 존재한다는 사실을 깨닫지 않을 수 없게 되었으며, 또한 무엇이 법인지에 대해서는 초법률적 법이라는 척도를 가지고 가늠할 수 있다는 것도 깨닫게 되었다. 모든

---

* 이 논문은 「슈투트가르트 룬트샤우」(Stuttgart Rundschau) 1947년 1월호에 실렸으며, 그 전 해에 발표된 '법률적 불법과 초법률적 법'의 내용을 상당부분 반복하고 있다. 주목할 점은 같은 잡지의 3월호에, 아래에 함께 번역된 헨리-헤르만의 반론이 실렸고, 라드브루흐가 다시 이에 대해 재반론을 펼쳤다는 사실이다. 번역텍스트는 Gustav Radbruch Gesamtausgabe, Bd. III (bearbeitet von Winfried Hassemer), 1990, 96-106면에 따랐다.

법률보다 상위에 있는 그러한 초법률적 법을 자연법, 신법 또는 이성법이라 불러야 하는지는 별개의 문제이다. 이 초법률적 법도 법률의 형식을 취할 수 있다. 초법률적 법의 특성은 보통은 혐오와 거부의 대상이 되는 '법률의 소급적용'이다. 소급적용 사례와 관련하여 독일의 법은 법률제정의 결과가 아니라, 그 원인이다. 이와 관련된 최근의 법률은 과거에도 이미 법이었던 것을 그대로 표현하고 있을 뿐이다. '전쟁범죄, 평화와 인간성에 반하는 범죄를 저지른 사람의 처벌'에 관한 통제위원회 법률 제10호가 그러한 종류의 것이며, 미국 점령지역에서 공표된 두 개의 자매 법률 역시 같은 종류이다. 하나는 '민족사회주의 범죄의 처벌'을 위한 법률이며, 다른 하나는 '형사사법에서 민족사회주의 범죄의 보상을 위한' 법률이다. 설령 그와 같은 법률이 명시적으로 제정, 공포되지 않는 곳일지라도 그러한 법률들의 본질적 내용은 초법률적 법으로서 효력을 갖는다. 우리가 이제 몇몇 판결을 보기로 삼아 초법률적 법이 실증주의의 감옥에서 벗어나는 모습을 보여준다면, 우리는 이와는 별개로 이 소급입법을 판결의 근거로 삼았던 사례들도 제시해야 할 것이다.

이 두 가지 근거제시 방식은 이미 유대인 재산의 몰수와 관련된 두 판결에 나타나 있다. 비스바덴 지역법원의 한 판결문에는 "유대인의 재산이 국고에 귀속된다고 선언한 법률은 자연법에 반하며, 따라서 그 법률이 공포된 시점에도 이미 무효였다." 프라이부르크 고등법원의 판결에서는 국가의 주도적 기관이 1940년에 유대인 재산을 몰수한 것은 통제위원회 법률 제10호에 근거하여 인간성에 반한다고 결정했다.

이 판결들에 비해 탈영병 사건들에 대한 판단은 많은 반론을 받고 있다. 물론 나치의 침략전쟁이 법적으로 국제적 범죄로 규정된 이후, 전쟁을 피해 도주한 탈영병이나 병역거부자들의 행위는 이제 더 이상 위법하고, 따라서 형사처벌의 대상이 된다고 여겨지지 않는다. 그런데도 자신을 체포하려는 군인을 살해한 탈영병이 탈영뿐만 아니라, 살인행위에 대해서도 무죄판결을 받은, 작센 주의 한 사건과 관련하여 그 결과에 대해 상당히 많은 반론이 제기되고 있다. 그러나 전쟁에 대한 근원적인 사고에 비추어 볼 때, 그 탈영병의 행위를 (정당방위는 아닐지라도) 긴급피난의 관점에서 파악하면 얼마든지 무죄라는 결과를 인정할 수 있다. 이에 반해 괴르델러(Carl Goerdeler: 정치가이자 반나치 저항운동의 정신적 지주. 히틀러 암살계획이 실패한 이후 체포되어 1945년에 처형됨 – 옮긴이)나 숄 남매의 밀고자와 같이 나치시절의 밀고사건에 대한 판결은 충분히 수긍이 간다. 프라이부르크 지방법원은 반나치적인 표현을 한 사람을 게슈타포에 신고한 행위를 인간성에 반하는 범죄로 처벌했다. "피고가 당시에 효력을 갖는 법질서의 범위 내에서 신고를 했다는 사정을 통해 가벌성이 배제되는 것은 아니다." "피고의 책임은 피고가 그 당시 법률적 형식에 따라 행동을 했다는 사정과는 관련이 없다." 이와는 반대로 상당히 유명하게 된 밀고사건인 푸르트파르켄 사건에서 노르트하우젠-에르푸르트 중죄법원은 초법률적 법으로 도피할 필요가 없이, 밀고자를 '사법살인'의 종범으로 처벌을 했다. 담당 재판부는 푸르트파르켄에게 밀고당한 사람에게 사형을 선고한 카셀 고등법원의 판결은 사법살인에 해당한다고 보고, 푸르트파르켄의 밀고는 그 당시에 효력을 갖던 법률에 비추어 결코 반역죄에 해당하지 않는다는 근거를 제시했다. "제국법원과 고등법원이 그 당시 및 그 이후의 몇 년에 걸쳐 줄곧 당시의 주도적인 인물에 대한 욕설과 같은 부정적인 언급들 거의 모두를 반역죄로 처벌했다면, 문제의 카셀 고등법원 판결에 대해서도 그와 동일한 맥락에서 판단해야 한다. 카셀 고등법원의 판사들은 다른 법원의 선결례가 아니라, 법률에 구속되어 있었다."

이 밀고자 판결을 배경으로 이미 법관들에 대해 그들의 형사판결을 이유로 형법적 책임을 물을 수 있는 가능성이 등장하고 있는데, 이러한 가능성은 작센 주에서는 이미 현실이 되었다. 즉, 작센 주 검찰총장은 설령 민족사회주의 법률에 근거하여 선고된 것일지라도, 비인간적인 판결을 내린 법관들의 형사책임을 묻기 위한 공소절차를 개시했다. "어떠한 법관도 부정의할 뿐만 아니라, 범죄적이기까지 한 법률을 원용하여 판결을 내릴 수는 없다. 우리는 모든 제정법의 상위에 있는 인권을 원용한다. 즉, 비인간적인 폭군의 범죄적인 명령의 효력을 부정하는, 박탈할 수 없는 시원적인 권리를 원용하는 것이다." 그와 같은 비인간적인 법률에 근거하여 선고된 사형판결은 살인이며, 그 판결 자체가 사형으로 처벌되어야 할 것이다. 물론 법관의 책임이 입증되어야 한다는 전제가 추가되어야 할 것이다. 왜냐하면 법관이 행한 판결을 이유로 처벌을 하기 위해서는 그 판결이 법왜곡이었다는 것을 전제하기 때문이다. 법왜곡은 위법성의 인식을 필요로 한다. 그러나 실증주의 교육을 받은 법관들은 설령 법률이 아무리 부당한 내용의 것일지라도 그 법률에 무조건 복종해야 한다고 여겼을 것이며, 따라서 아무런 불법의식도 갖지 않은 채 법률적 불법을 실현할 수 있었다. 수십 년에 걸쳐 아무런 반박도 받지 않았고, 독일의 법학과 법실무를 지배했던 실증주의를, 이 지배적인 견해를 지침으로 삼았던 법관들에게 불리한 쪽으로 갑자기 부정할 수는 없는 일이다.

이에 반해 '안락사'라는 미명하에 여러 시설들에서 행해진 살인에 대한 판결과 관련해서는 일반인들의 법감정도 분명하게 수긍하고 있다. 프랑크푸르트의 아이히베르크 소송(Eichberg-Prozeß: 아이히베르크라는 도시에 소재한 요양소에서 안락사라는 미명하에 수천 명을 살해한 사건에 대한 소송 – 옮긴이)에서는 법적 안정성의 관점에서 법률적 불법이라는 사고를 철저히 반대하는 변호인과 독재자의 명령이 쓰인 종이짝과 "사람을 죽여서는 안 된다!"는 영원한 명령 사이에 어느 것이 더 중한 것인지를 재판부는 결정해야 한다는 말로 변론을 마친 검사 사이에 격렬한 논박이 이루어졌다. 재판부는 수용시설에서의 살인을 명령한 히틀러의 비밀 법률이 형식적으로는 법률이지만, 내용적으로는 불법이었기 때문에, 피고인 의사에게 유죄를 선고한다고 판결했다.

일반인들의 감정을 가장 자극한 사건은 1933년에 공포된, 나치의 사면법이 법적 효력을 갖는다는 전제하에 에르쯔베르거(Matthias Erzberger: 정치가이자 평화주의자로서 1918년에 극우파에게 암살됨 – 옮긴이) 살인범인 틸레센(Heinrich Tillessen: 에르쯔베르거 암살범 가운데 한 명. 1933년에 사면되었다가, 1947년에 다시 15년의 징역형을 선고받음 – 옮긴이)을 무죄석방한, 프라이부르크의 판결이다. 히틀러는 이 사면법을 통해 포템파 살인자들에게 행한 약속, 즉 히틀러 자신이 그들 살인자들과 끝없는 유대감을 느끼며 그들의 자유야말로 이 순간부터 '우리들의 명예'가 걸린 문제라고 했던 발언을 실천에 옮긴 것이었다. 프라이부르크의 법관이 이 법률을 법률적 불법으로 보지 않았고, 더욱이 자신의 견해를 근거짓기 위해 통제위원회 법률 제1호 및 미국 점령지역에서 효력을 갖는, 민족사회주의 범죄행위 처벌을 위한 법률의 기본정신을 원용할 수 있었다는 점은 일반인들로서는 전혀 납득할 수 없는 것이었다. 만일 점령군당국이 이 오판을 뒤엎지 않았다면, 프라이부르크 판결에 대한 일반인의 거부감은 더욱 강하게 드러났을 것이다. 물론 점령군당국의 개입은 법관의 독립에 대한 우리들의 생각과는 합치하지 않는다. 어쨌든 최근의 판례에서 대두되는 여러 가지 측면에서 계속 뚜렷하게 부각되고 있고, 현 시점의 필요에도 부응하는 것으로 보이는, 초법률적 법에 관한 이론은 결코 새로운 이론이 아니다. 이 이론은 고대에서 기독교 중세를 거쳐 근대 계몽기에 이르기까지 수천 년에 걸쳐 주장되었고, 카톨릭의 토마스주의 법철학에서는 오늘날까지도 지속되고 있다. 수천 년에 걸친 이 전통에 대항하여 고작 한 세기를 풍미했을 뿐인 실증주의가 무엇을 할 수 있겠는가? 실증주의의 뿌리는 포이어바흐

(Feuerbach)와 사비니(von Savigny)로 거슬러 올라간다. 이 두 학자의 정신세계의 뿌리는 완전히 달랐다. 즉, 포이어바흐는 비판철학을 토대로 삼았고, 사비니는 낭만주의의 관점에 서있었다. 하지만 두 사람 모두 제정법의 무조건적 구속력이라는 같은 결론에 도달했다. 그러나 그 철학적 및 역사적 동력과 이를 통해 만개한 정신의 꽃이 완전히 메말라 떨어진 이후 실증주의라는 앙상한 뿌리만이 남게 되었다.

물론 실증주의도 나름 긍정적인 측면을 갖고 있었고, 따라서 실증주의가 주는 가르침을 간과해서는 안 된다. 여하한 경우이든 법률이 그 내용과는 관계없이 구속력을 갖는 법으로 존중되어야 한다는 실증주의 이론은 계속 타당성을 지녀야 한다. 법치국가와 법적 안정성은 법률구속의 원칙을 필요로 하며, 우리가 나치시대에 겪었고 다시는 반복되지 않기를 희망하는 예외적인 경우에만 법률구속을 완화할 수 있다. 나치시대의 한 법률가는 마치 미래를 내다보기라도 한 듯 초법률적 법사상을 적용할 때의 한계를 분명하게 표현하고 있다. "법관은 원칙적으로 법률에 구속되지만, 법관의 임무와 품위에 비추어 볼 때, 법이념에 명백하고 현저하게 위배되는 법률, 즉 국민들 속에 살아 숨쉬는, 법과 불법에 대한 감각 및 국민들의 윤리감정에 정면으로 배치되는 규범까지 적용해야 하는 것은 아니다." 어쨌든 권력자가 정의와 인간성이라는 법이념의 적용을 전혀 추구하지 않고, 뉘른베르크 법률과 같이 법적 평등의 사상, 인간의 용모를 갖춘 모든 존재가 향유하는 평등한 인권을 완전히 묵살하며, 법규범이 아니라, 단순히 권력을 선언한다면 법률적 불법이 존재한다고 볼 수 있다. 왜냐하면 법은 법이념을 실현하기 위한 노력이라는 것 말고는 달리 개념정의를 내릴 수 없기 때문이다.

법률의 한계를 이렇게 파악할지라도, 초법률적 법을 인정할 때에는 위험이 뒤따른다는 점을 분명히 인식할 수 있다. 그러나 이와 관련된 모든 우려에도 불구하고, 정의와 법적 안정성 사이의 대립과 갈등을 해소할 수는 없다는 근원적인 문제는 해결되지 않는다. 양자 사이의 대립은 모든 법에 내재하는 것이고, 서로 모순되는 것으로 여겨지는, 두 개의 성경구절에도 표현되어 있다. 즉, 한 구절은 "누구든 자신을 지배하는 권세에 복종하라. 세상의 권세 가운데 하나님의 권세가 없이 나온 권세는 없기 때문이다"는 바울의 말(로마서 13장 1절)과 "사람보다 하느님에게 복종하라"는 베드로의 말(사도행전 5장 29절)이 그것이다.

「법률과 법」에 대한 반론

그레테 헨리-헤르만(Grete Henry-Hermann)

"오로지 법률만을 법으로 인정하는 이 실증주의야말로 민족사회주의 시절의 법적 상황에 대해 독일의 법학이 함께 책임져야 할 죄악이다. 왜냐하면 실증주의는 우리로 하여금 불법일지라도, 일단 법률의 형식을 갖추고 있는 한, 그 불법에 대해 아무런 저항도 하지 못하도록 만들었기 때문이다."

이 말은 법철학자 구스타프 라드브루흐가 「슈투트가르트 룬트샤우」(Stuttgart Rundschau) 1947년 1호에서 과거의 독일 법학에 대해 심판한 내용이다. 라드브루흐는 이러한 진단을 통해 독일 민족과 국가가 나치 정권하에서 겪게 된 법적 및 도덕적 몰락의 가장 위험스러운 원인들 가운데 하나를 밝힌다. 나치시대의 범죄를 청산하고 있는 현재, 불법은 설령 그것이 법률을 통해 재가를 받거나 심지어 명령된 것일지라도 여전히 불법일 뿐이라는 인식이 갈수록 설득력을 얻어가고 있다. 법과 불법에 대한 물음은 한 국가의 법률이 명령 또는 금지하는 것이 무엇인가에 대한 물음과 일치하지는 않는다. 법인지 아니면 불법인지에 대한 결정은 오히려 문제의 법률이 정당한지 아니면 지배적인 사회계층의 노골적인 자의와 권력의 선언인지에 달려 있다.

과연 이러한 인식만으로 독일의 법학자들이 나치에게 길을 열어주게 된 동기였던 실증주의를 완전히 극복하는 데 충분한 것일까? 실증주의에 대한 라드브루흐의 비판은 '초법률적 법'이라는 사고에 근거하고 있긴 하지만, 그의 비판은 결국 대립과 갈등으로 귀착하고, 바로 그 때문에 이에 대해 우리는 깊이 사고해 볼 필요가 있다. 왜냐하면 라드브루흐가 말하는 정의와 법적 안정성 사이의 대립과 갈등은 그로 하여금 실증주의와 진정으로 결별하는 것을 불가능하게 만들고 있기 때문이다. 더욱이 라드브루흐는 우리 국민의 법의식에 커다란 혼란과 동요를 불러일으킨 것이 법실증주의의 책임이라고 말하고 있는데도 말이다.

라드브루흐는 "물론 실증주의도 나름 긍정적인 측면을 갖고 있었고, 따라서 실증주의가 주는 가르침을 간과해서는 안 된다. 여하한 경우이든 법률이 그 내용과는 관계없이 구속력을 갖는 법으로 존중되어야 한다는 실증주의 이론은 계속 타당성을 지녀야 한다. 법치국가와 법적 안정성은 법률구속의 원칙을 필요로 한다"고 말한다. 이 법률구속 때문에 라드브루흐는 '초법률적 법'이라는 사고 그리고 법률의 형식으로도 불법이 발생할 수 있다는 사고를 "권력자가 정의와 인간성이라는 법이념의 적용을 전혀 추구하지 않고 … 법적 평등의 사상, 인간의 용모를 갖춘 모든 존재가 향유하는 평등한 인권을 완전히 묵살하며, 법규범이 아니라,

단순히 권력을 선언"하는 경우에 국한시키고자 한다. 또한 "법률의 한계를 이렇게 파악할지라도, 초법률적 법을 인정할 때에는 위험이 뒤따른다는 점을 분명히 인식할 수 있다"고도 말한다. 특히 그와 같은 위험은 원칙적으로는 구속력을 갖고 있는 법철학적 원칙을 폐기해 버리는 데 있다고 한다. "이 초법률적 법도 법률의 형식을 취할 수 있다. 초법률적 법의 특성은 보통은 혐오와 거부의 대상이 되는 '법률의 소급적용'이다. 소급적용 사례와 관련하여 독일의 법은 법률제정의 결과가 아니라, 그 원인이다. 이와 관련된 최근의 법률은 과거에도 이미 법이었던 것을 그대로 표현하고 있을 뿐이다."

그렇다면 '법률의 형식으로 자행되는 불법에 저항할 수 없게 만들었던' 실증주의적 태도에 따라 '법률을 법으로 인정'하는 것은 국가 내의 법적 안정성을 위해 필요한 것이다! 그리고 그러한 불법에 반대하여, 다시 한 번 법의 이념, 즉 정의와 인간성에 대해 깊이 숙고해 보는 것은 법적 상태가 완전히 붕괴된 이후에 다시 확립되어야 할 법적 안정성에 위험으로 작용한다!

라드브루흐는 이 역설을 극복하지 못했다. 그는 이 역설을 피할 수 없는 것으로 여긴다. 하지만 그와 같은 모순을 토대로 삼아 어떻게 진정한 법학을 수립할 것이며, 어떻게 진정한 법학을 주장하는 학자로서 부담하게 될 공적인 책임을 진지하게 고려하여 그 책임을 떠맡을 수 있을 것이며, 사회생활이 법을 통해 이루어져야 한다고 주장하고, 인간의 공동생활에 법적 안정성이 있어야 한다고 주장할 수 있는가?

명백히 같은 선상에 있는 이 두 가지 요구 사이에 과연 무슨 딜레마가 있다는 것인가? 한 사회 내의 법적 안정성은 인간들의 공동생활이 법률로 규율된 확고한 형식에 따라 이루어지고, 이 형식들을 통해 각 개인의 권리와 의무에 대한 분명한 경계가 그려짐으로써 보장된다. 법의 추상적 이념만으로는 충분하지 않다.

물론 추상적 이념은 모든 사람들이 삶에 필요한 재화를 나누어 가질 수 있도록 평등한 기회를 가져야 한다고 요구하긴 하지만, 어느 경우에 그리고 어떻게 그러한 가능성을 보장해야 하는지는 인간들의 규율과 합의에 맡겨져 있다. 그와 같은 형식을 만들어 내고 보호하는 국가법률은 그 국가의 모든 국민들에게 다른 국민들의 권리를 존중해야 한다는 경계선 내에서는 자유롭게 활동할 수 있다는 안정성을 부여하며, 적어도 그러한 경계선 내에서 활동하는 한, 다른 국민으로부터 공격을 당하거나 예기치 않게 국가공무원의 개입을 당하리라는 두려움을 갖지 않아도 된다. 이러한 안정성을 위해 바로 "법률 없으면 형벌 없다"는 형법적 원칙이 효력을 갖는다. 이 원칙은 법률을 소급적으로 적용할 권한을 배제하며, 하나의 법률은 이 법률이 공포된 이후에 저질러진 행위에 대해서만 적용되어야 할 것을 요구한다.

이러한 생각과는 달리 어떠한 법률도 이 법률에 기초한 결정이 구체적인 사례에서 본질적인 요소가 되는 모든 사정들에 대한 독립된 법적 평가에 비추어 당연하다고 여겨지는 판단과 언제나 그리고 어떠한 상황에서도 일치하도록 보장할 수 없다는 점을 고려해야 한다. 왜냐하면 설령 가장 완벽한 입법자일지라도 장래에 발생할 법적 사례가 갖는 특수성들을 완전히 예측할 수는 없으며, 그러한 모든 사례에 부합하는 법률을 만들 수도 없기 때문이다. 더욱이 입법자 역시 완벽한 존재가 아니라, 착각을 할 수도 있고, 법이 요구하는 것과는 다른 동기에서 행동을 하는 인간이다.

바로 그 때문에 우리는 라드브루흐가 밝힌 것과 같은 대립과 긴장 앞에 서 있는지도 모른다. 즉, 우리는 법률에 대한 승인과 준수를 통해서만 실현될 수 있는 법적 안정성을 위해 기존의 법률의 내용에 대한 비판을 억제하고 법률이 명령하는 그대로를 구속력이 있는 것으로 감수해야 하는가 아니면 인간사회에 법적 상태를 수립하기 위해 법이념에 상응하는 한에서만 기존의 법률의 효력을 인정해야 하는가? 하지만 우리가 이 딜레마에만 골몰하느라 한 가지 측면을 제대로 보지 못했다. 즉, 이 두 가지 생각 모두 하나의 사고에서 출발한다는 사실이다. 다시 말해 어느 것이든 인간 사이의 교류가 법적 상태에 있도록 해야 한다는 한 가지 생각이 그 출발점이다. 도대체 왜 우리는 법적 안정성이 지배하는 사회상태를 요구하는가? 분명 모든 법률은 그 자체 법이라고 하는 법실증주의의 도그마 때문에 그러한 요구를 하는 것은 아니다. 오히려 법적으로 생각하는 시민이라면 사회 내에서 모든 사람의 권리가 보호되고 그 범위 내에서 인간다운 삶을 영위할 자유를 갖기 위해서 법적 안정성을 요구하는 것이다. 따라서 법적 안정성에 대한 요구는 결코 '초법률적 법'의 인정에 반대되는 것이 아니라, 오히려 그로부터 도출되는 결론이다. 그렇기 때문에 초법률적 법을 인정한다고 해서 법적 안정성을 포기하는 것이 아니다. 우리가 한 국가의 입법을 정의와 인간성이라는 법의 이념의 척도로 평가한다면, 우리는 이 이념 자체가 법률을 통해 보호되는 법적 상태를 요구한다는 사실을 감안해야만 한다. 누군가가 법률에 실제로 문제가 있거나 또는 문제가 있다고 생각한 나머지 지배적인 국법을 파괴하거나 무시한다면, 그는 그러한 문제를 제거하는 게 아니라, 그러한 법적 상태에 다가서는 길 자체를 봉쇄해 버리는 위험을 감수하는 것이 되고 만다. 우리 인간의 노력으로는 그러한 이상에 한 발짝 더 가까이 다가설 수 있을지 모르지만, 이 이상을 완벽하게 실현하는 것은 불가능하다. 이상에 더 가까이 다가서기 위해서는 두 가지 과제가 충족되어야 한다. 첫째, 모든 사람이 권력자의 자의가 아니라, 공적으로 승인된 법률에 따라 취급된다는 안정성을 가질 수 있는 법적 질서를 수립해야 한다. 둘째, 그러한 법률의 내용은 법과 정의의 이념을 지향해야 하며, 이 이념에 대한 공개적인 비판 속에서 법률을 평가하고, 그러한 비판에 따라 법률을 더욱 발전시킬 수 있어야 한다. 이 두 가지 과제 가운데 어느 것이 더 우선적으로 처리되어야 할지는 그때그때의 정치적 고려에 달려 있다.

이러한 생각을 라드브루흐에 따르면 실증주의의 사고에 속하며, 입법이 초법률적 법에 지향되게 되면 곧바로 폐기된다고 하는 법철학적 원칙에 적용해 보자. 즉, 법률이 공포되기 이전에 이루어진 행위에 대한 소급효를 배제한 원칙에 대해 생각을 해보자. 이 소급효금지원칙 역시 자세히 고찰해 보면 실증주의적으로 해석할 수 없다. 한 국가 내에서 제정된 모든 법률을 곧 법으로 선언하는 사람이라면 소급효를 갖는다고 주장하는 법률에 대해서도 아무런 거리낌을 가질 필요가 없다고 여기는 것이 일관된 태도이다. 그러나 법의 이념과 법적 안정성을 출발점으로 삼는 사람이라면 그렇지 않다. 소급효금지는 국민들에게 공개적으로 선포되고, 그에 따라 그 내용을 알 수 있는 법률을 지침으로 삼으면 되고, 그저 법관의 판단에만 의존할 필요가 없다는 안정성을 부여한다. 설령 법관들을 교육시키면서 법관이 판결을 할 때에는 언제나 법과 정의의 이념을 기준으로 해야 한다고 가르쳤을지라도, 인간이라면 당연히 착각을 할 수 있고, 그로 인해 법관의 판결에 복종하게 되는 국민은 사회생활에 대한 법적 규율이 방지해야 할 불안정성을 겪게 될 것이다.

물론 라드브루흐는 초법률적 법이라는 사고가 우리 시대에는 상당부분 소급법률, 즉 나치시대의 만행을 처벌하기 위한 법률을 통해 표현되고 있다는 점을 지적한다. 그렇다면 법적 안정성을 위해 법률의 소급효를 허용하지 않는다는 원칙은 도대체 어디로 갔는가? 이 원칙은 분명 속죄가 이루어져야 할 과거의 범죄들이 모든 법적 안정성을 말살해 버린 것이자, 법적 안정성의 말살을 토대로 해서만 가능한 것이었기 때문에 적용이 되지 않을 것이다. 나치시대의 범죄에 대한 청산이라는 불가피한 일은 법률을 통한 권리보호라는 통상의 형식으로는 이루어질 수 없다. 왜냐하면 그러한 형식은 이제 독일에서 다시 회복되어야 할 대상이기 때문이다. 그렇지만 이 청산과정이 법적-법률적 형태를 취하여 이와 관련된 조건들을 완전히 준수하지 못하게 되는 것보다는 그 대신 순전히 정치적 방식으로 처리하는 것이 경우에 따라서는 훨씬 더 확실하고 좋은 방법은 아닌지 생각해 볼 필요가 있다.

이 글이 보여주듯이, 실증주의에 대한 라드브루흐의 공격은 그 자신의 역설적인 표현에서 드러난 것보다도 훨씬 더 깊숙한 지점까지 들어가 있다. 끝으로 한 가지 점을 분명히 하고자 한다. 즉, 독일에서 실증주의이론이 아무런 반박도 받지 않고 수십 년 동안 지배했다는 라드브루흐의 주장은 옳지 않다. 1917년에 레오나르드 넬슨(Leonard Nelson)은 그 당시의 실증주의 이론에 대해 상세한 비판을 가하고 있다. 「법 없는 법학」(Rechtswissenschaft ohne Recht)이 그 책의 제목이다. 그로부터 몇 년 후에 넬슨은 「철학적 법이론의 체계와 정치」(System der philosophischen Rechtslehre und Politik)이는 책을 출간했는데, 이 책은 라드브루흐의 비판이 사로잡혀 있는 대립과 갈등을 해소하고 있다. 독일의 법학은 이 경고의 목소리를 거들떠보지도 않고 지나쳐버렸던 것이다.

반 론

구스타프 라드브루흐(하이델베르크)

나처럼 실증주의의 지배하에 성장했으면서도 실정법의 무조건적 효력에 대해 이의를 제기하고, 이 위험한 이론에 대해 커다란 책임을 의식하고 있는 사람이라면, 자신의 서술이 다른 측면에서 심사를 받고, 더욱이 그러한 심사의 결과가 나 자신의 견해를 더욱 강화시켜 주는 것이라면 감사하는 마음으로 반기지 않을 수 없다. 먼저 위에 실린 그레테 헨리-헤르만의 글에서 논쟁의 대상이 된 생각들을 나의 언어로 다시 표현해 보도록 하겠다.

1. 위의 글의 저자에 따르면 정의와 법적 안정성 사이에는 결코 해소할 수 없는 대립과 갈등이 존재하는 것이 아니라, 법적 안정성이든 정의이든 모두 인간성, 인간존엄, 자유라는 공통의 이념에서 출발한다고 한다.
2. 그래서 "법률 없으면 형벌 없다"는 죄형법정주의원칙은 실증주의적인 형식적 원칙이 아니라, 자유, 인간존엄, 인간성이라는 이념의 표현이라고 한다.
3. 따라서 죄형법정주의원칙의 효력이 법적 안정성 및 법적 안정성의 최종적 의미를 구성하고 있는 이념과 모순될 때에는 이 원칙에 대한 정당화 및 그 효력도 중단된다고 한다.

이런 이유에서 저자는 법적 상태 자체가 법적 안정성에 모순되는 경우에는 소급법률이 허용된다고 보는 입장에 서 있는 것 같다(그렇다면 소급법률은 그러한 법적 상태의 폐기를 의미한다). 예를 들어 어떠한 헌법적 제약에도 구애받지 않고 독재자의 순간적인 생각이 법률이 되거나 또는 영도자의 의지와 제국법률 사이에 아무런 구별이 없어서, 예컨대 시설에 수용된 환자들을 살해하라는 명령이 공포되지 않은 채, 극도로 비밀을 유지한 영도자선언의 형식을 취했던 사례가 그러한 경우에 속한다고 한다.

그러나 특정한 나치법률들에 대해 이들 법률의 효력을 배제하는 소급입법이 죄형법정주의원칙의 의미에 모순되지 않는다는 사실을 더욱 분명하게 밝힐 수 있다. 이 원칙의 의미는 행위자가 행위 이전에 최소한 그 행위의 가벌성을 의식할 수 있는 가능성을 가졌어야 한다는 점이다. 만일 수용시설에서 자행된 살인, 밀고, 사법살인 및 다른 종류의 법률적 불법과 관련하여, 사람들은 이 모든 것들이 전혀 문제가 없는 것들이라 여겼고, 또한 이 행위들이 형벌에 처해져야 마땅할 행위가 될 수도 있는 가능성에 대해 조금도 생각을 하지 못했다든가, 또는 범죄적인 정부가 입법기관을 통해 명령을 하여 그러한 법률적 불법을 얼마든지 합법화할 수 있다고 생각했기 때문에 가벌성은 현실이 되지 않으리라고 여겼다는 식으로 설명을 한다면, 그것은 독일국민에 대한 모욕이 아닐 수 없다. 법률적 불법에 대한 의식은 곧 초법률적 법이라는 이념을 심리적으로 현실화한 것이다. 저자는 그러한 사례들과 관련하여 소급효에 대해 단순히 정치적 정당화만을 찾으려고 할 것이 아니라, 명백한 법적 정당화를 찾으려고 해야 한다.

초법률적 법을 부정하는 실증주의가 수십 년 동안 법률가집단에서 어떠한 반론에도 부딪히지 않았다는 점과 관련하여 철학자 레오나르드 넬슨이 행한 '법 없는 법학'이라는 비판에 대한 저자의 지적은 전적으로 옳다. 특히 카톨릭의 토마스주의 철학에서는 실증주의가 지배하던 시기에도 계속해서 자연법사상을 유지했었다. 최근에 출간된 피우스 12세의 설교모음집은 카톨릭에서는 오늘날에도 자연법이념이 생생하게 살아 있음을 너무나도 잘 보여주고 있다. 이 카톨릭주의 및 신교 내부에서 새롭게 싹트고 있는, 이와 비슷한 경향은 초법률적 법에 대한 사고가 새로운 생명력을 얻을 수 있는 뿌리가 될 것이다.

옮긴이 후기

이 책의 초판은 2000년에 '길안사'에서 출판되었고, 문화관광부의 우수학술도서로 선정되는 등 법철학 전문서로서는 비교적 많은 독자들의 손에 들어갔고, 출판사가 문을 닫아 절판이 된 이후에는 몇 번인가 구입 문의를 받을 정도로 의외의 순간을 겪기도 한 책이다. 그 이유를 정확히 알 수는 없지만 옮긴이의 추측으로는 '라드브루흐'라는 이름이 갖는 무게 때문이 아닌가 싶다. 대학에서 가르치는 법철학 강의가 이 이름을 언급하지 않고 진행되기는 거의 불가능할 정도로 라드브루흐는 법철학과 형법의 영역에 긴 그림자를 드리우고 있는 학자이다. 한스 켈젠(Hans Kelsen)과 하트(H.L.A. Hart)와 함께 20세기를 대표하는 법철학자라는 점 또한 잘 알려져 있다.

라드브루흐 공식은 과거의 역사 속에서는 도저히 상상할 수 없었던 폭정을 겪은 이후 과연 법이란 무엇이고 법의 구속력이 어디까지 미칠 수 있으며 법이라고 말할 때에는 법으로 말하지 않은 그 무엇을 전제하고 있는지에 대해 그 어떤 법철학 이론보다도 단호하고 간명한 형식을 통해 대답하려고 시도함으로써 법철학의 역사에 커다란 분기점을 마련한 이론으로 유명하다. 더욱이 자연법론과 법실증주의라는 법철학의 전통적인 논쟁에 비추어 볼 때 두 가지 요소를 함께 고려할 수 있는 길, 즉 양자를 종합할 수 있는 가능성을 모색했다는 점에서도 이 공식이 오늘날의 법철학적 논의에서 여전히 영향력을 발휘하고 있다. 그렇기 때문에 -초판의 후기에서도 썼듯이- 라드브루흐 공식은 결코 자연법의 승리와 법실증주의의 패배를 기록한 문서가 아니라, 법과 법률, 정당성과 합법성, 정의와 법적 안정성 사이의 긴장과 갈등을 해소할 수 있는 가능성을 모색하는 것이고, 이 책 역시 그러한 가능성의 지평 위에서 과연 어떠한 이론적, 실천적 재구성을 통해 공식을 이해할 수 있는지를 논의의 중심으로 삼고 있다. 따라서 오로지 자연법의 정당성을 부르짖기 위해 이 책을 인용하는 것은 지은이의 의도를 헤아리지 못하는 '창조적 오독'

(creative misreading)일 뿐이고, 옮긴이가 번역을 결정한 의도에도 반한다. 만일 이 자그마한 책을 한편의 교향곡이라고 본다면, 그 주제는 '긴장과 긴장의 해소'라고 말해도 무방하다.

한국어판 제2판을 준비하면서 초판의 오탈자를 수정하거나 몇 군데 어색한 번역을 새로 가다듬었다. 또한 공식이 담겨 있는 논문 "법률적 불법과 초법률적 법"과 비슷한 시기에 발표된 "5분간의 법철학"과 "법과 법률"을 부록으로 추가했다. 공식과 관련된 라드브루흐의 법철학적 사유가 2차 대전 직후의 시대상황과 맞물려 얼마나 절박하고 집중적으로 진행되었는지를 알 수 있는 중요한 문헌일 뿐만 아니라, 재판을 초판과 거의 다르지 않게 내는 것은 독자들에 대한 예의가 아닌 것 같아 새로 번역하게 되었다.

초판이 출판된 이후 10년이 넘는 세월이 흐르는 사이 지은이와 옮긴이 모두의 삶에도 당연히 여러 가지 변화가 생겼다. 지은이는 교수자격논문을 마치고 현재 함부르크의 부체리우스 로스쿨(Bucerius Law School)에서 형법과 법철학을 가르치고 있고, 옮긴이 또한 박사학위를 마치고 지금은 고려대학교 법학전문대학원과 법과대학에서 법철학을 가르치고 있다. 1990년대 중반 서로 다른 문화적 배경 속에서 성장한 두 동갑내기가 라드브루흐를 인연으로 친구가 되고, 이제는 라드브루흐라는 매개체를 뛰어넘어 서로의 개인사에 깊숙이 발을 들여 놓을 정도로 깊은 우정을 쌓아가고 있다. 그 세월 동안 늘 그랬듯이 지금도 옮긴이는 지은이의 학문적 열정과 치밀함으로부터 커다란 자극을 받고 있고, 그의 자극에 힘입어 충실한 학자로 살아가면서 언젠가는 라드브루흐와 헤르만 칸토로비치(Hermann Kantorowicz)* 사이의 우정과 같은 학문적 우정의 절정을 맛보기를 꿈꾸어 본다. 그 점에서 지은이에게 몇 줄의 글로는 제대로 표현할 수 없는 우정과 감사의 인사를 전하고 싶다.

---

* 두 법학자의 관계에 대해서는 지은이의 글(Frank Saliger, Radbruch und Kantorowicz, in: ARSP 2/2006, S. 236-251)을 참고.

책을 새로 내면서 고려대학교 대학원 법학과의 박석훈 씨로부터 커다란 도움을 받았다. 법학을 공부한 보통의 학생들과는 달리 인문학적 교양까지 쌓아 놓고 있는 박석훈 씨는 교정에 도움을 주었을 뿐만 아니라, 원고 자체를 즐기면서 읽어주는 기쁨까지 내게 선사했다. 저작이든 번역서이든 나 아닌 다른 사람이 나의 손을 거쳐 나온 결과물을 진지하게 대해주는 것은 그 자체로 커다란 기쁨이다.

끝으로 세창출판사의 임길남 상무님과 직원 여러분에게도 감사의 인사를 드린다. 특히 임 상무님은 출판을 조금 미루고 다른 일부터 먼저 처리할까 미적거리는 바로 그 순간에 원고를 넘기도록 부드럽게 협박하심으로써 이 책이 생각보다 더 빨리 세상의 빛을 보게 만들어 주셨다.

2011년 3월 어느 봄날
연구실에서

옮긴이 윤 재 왕

저자/역자 소개

지은이 프랑크 잘리거(Frank Saliger)는 1964년 독일 헤센주의 하다머(Hadamer)에서 태어나 프랑크푸르트 대학교 법과대학에서 법학을 공부하고, 1991년 1차 국가시험, 1994년에 2차 국가시험에 합격하고, 1994년에는 자브뤼켄 대학교 “법 및 사회철학 연구소” 조교로, 그 이후 2003년까지는 프랑크푸르트 대학교의 “형사법과 법철학 연구소”의 조교로 일했다. 1999년 이 책 “라드브루흐공식과 법치국가”로 박사학위를, 2003년에 전 독일총리 헬무트 콜의 불법정치기부금 스캔들에 대한 형법적 연구인 “정당배임”을 논문으로 제출하여, 형법(경제형법), 형사소송법, 법철학, 법사회학 교수자격을 취득했다. 그 후 자브뤼켄 대학교와 빌레펠트 대학교 법과대학의 임시교수를 거쳐, 2005년부터 독일 유일의 단일 법과대학인 부체리우스 로스쿨(Bucerius Law School)의 형법, 형사소송법, 법철학 담당교수로 재직 중이다. 2010년부터는 뮌헨의 유명한 록신(Roxin) 형사전문 법률사무소의 자문위원을 맡고 있다. 박사학위논문과 교수자격논문 이외에 『환경형법』이 곧 출간될 예정이며, 경제형법, 안락사, 일반법철학 분야에 관련된 여러 편의 논문이 있다.

옮긴이 윤재왕은 고려대학교 법과대학 법학과와 문과대학 철학과를 졸업하고 독일 자브뤼켄 대학교와 프랑크푸르트 대학교에서 법학과 철학을 공부했으며, 2009년에 프랑크푸르트 대학교 법과대학에서 박사학위를 취득했다. 현재 고려대학교 법학전문대학원에서 법철학 담당교수로 재직 중이다. 법철학에 관련된 여러 편의 번역서와 논문이 있다.

[제2판] 라드브루흐 공식과 법치국가

2000년 3월 10일 초 판 발행
2011년 4월 20일 제2판 발행

저 자 프랑크 잘리거
역 자 윤 재 왕
발행인 이 방 원
발행처 세창출판사
서울 서대문구 냉천동 182 냉천빌딩 4층
전화 723 - 8660 팩스 720 - 4579
E-mail: sc1992@empal.com
Homepage: www.sechangpub.co.kr
신고번호 제300-1990-63호

정가 15,000원

ISBN 978-89-8411-332-9 93360